U0111782

大展好書　好書大展
品嘗好書　冠群可期

大展好書　好書大展
品嘗好書　冠群可期

武術
武道技術 ①

# 日本合氣道

## 健身與修養

藤堂良明　顧問

王　建　華
屈　國　鋒　著

大展出版社有限公司

# 編寫說明

　　本書由北京師範大學體育與運動學院武術教研室主任、民族傳統體育學碩士研究生導師王建華教授和日本筑波大學體育科學系博士研究生屈國鋒先生共同構思、編譯撰寫；日本筑波大學體育科學系藤堂良明教授（屈國鋒的導師）擔任本書的顧問；藤堂良明教授、屈國鋒和筑波大學合氣道部的左近洋平先生一起爲本書做了照片示範。

　　日本合氣道是一種有近百年歷史、以修身養性爲主要目的的日本武道。日本合氣道的流派眾多，但內容大致相同。我們在本書中所介紹的是日本合氣道的概況、主要流派、場地、服裝、禮節、技術原理等基本知識和合氣道的準備活動、倒地練習、最基本的17種技術方法等基本練習內容。目的是想讓我國的廣大初學讀者了解、感受、有興趣地參與合氣道的健身鍛鍊，在練習中獲得身體健康和心理健康，充滿信心地投入到現代社會生活中去。

　　本書第一章和第二章的第一、二節由屈國鋒示範；第二章的第四節由左近洋平示範；第二章的第三、五、六、八節由屈國鋒和左近洋平示範；第二章的第七、九節由藤堂良明和屈國鋒示範。全書最後由王建華統編、修改定稿。

北京師範大學體育與運動學院　王建華
日本筑波大學體育科學系　屈國鋒

# 前 言

　　日本合氣道是一種有近百年歷史的日本新興武道項目。和我國的太極拳一樣，是一種由原始的搏擊武術演化成今天的以修身養性爲主要目的、具備了現代體育特點的新生武道。

　　新生日本武道主要有以下9種：柔道、劍道、弓道、合氣道、空手道、相撲（也可以算爲一種「道」）、雉刀（一種長柄刀）道、銃劍（相當於步槍的刺刀術）道和源於我國少林武術的日本少林寺拳法。合氣道是上述9種武道中特色鮮明的一種。它從創始之初，就把各種武道、武術、格斗技術所追求的拼殺技能放到了第二位，而把由拼殺技巧的練習來培養人的內涵放在第一位。日本武道與日本武術的最大區別在於武道排除了致人於死傷的危險內容，以樹人、育人（包括了一般意義上的教育和身體教育即體育意義上的樹人、育人）爲基本理念。

　　合氣道是產生和流行於日本的一項徒手對抗或徒手對短刀（塑膠製的柔軟小刀）的武技。合氣道的動

作極具藝術性，沒有其他武道和武術的激烈強力對抗，它反對主動攻擊別人，追求的是一種純防守的武技；合氣道的理念強調「後發制人」和「一招制服對手」，倡導即使遇到敵意很強的對手，也盡量用愛心對待。合氣道即使在實戰防衛中也盡量要做到制而不殺。

另外，合氣道具有「不與對手直接對抗、平穩沉著」的特點，動作豐富且簡單易學易練；不受身體條件、武術功底以及年齡的限制，各類人群都有可選擇的練習方法，一般的正常人都可以參加合氣道的練習。因此，合氣道在日本和世界上是深受武術愛好者喜愛的健身修身功夫。目前在世界上開展日本合氣道的國家和地區 80 多個，合氣道練習者 150 多萬人。

合氣道雖然在世界上發展很快，但在我國還處於起步階段。在北京、廣州、上海等大城市，合氣道從 2002 年登陸以後迅速地發展起來。一些健身機構爲了促進中日文化交流，正在籌建日本合氣道的道場，聘請日本合氣道專業教練員傳授原汁原味的日本合氣道這種高雅的武技。目前我國已有數家被「日本合氣會」認可的道場。

合氣道簡單易學，在日本不分男女老少、練習者

眾多。由於合氣道對我國的許多人來講尚屬新的運動概念，目前參與合氣道的練習者多爲信息來源廣泛、收入較高的白領階層人士、家庭相對富裕的學生和在華的外國人等。另外，我國的一些大專院校也聘請日本合氣道專家講學或將合氣道引入學校，作爲選修課和課外活動的鍛鍊內容。由此可以看到，合氣道正在開始向我們的社會和學校靠近。

我們希望透過本書的介紹，引起我國熱愛生活、追求健康的人群對日本合氣道的關注，同時在參與合氣道的練習過程中，收到「洋爲中用」的身心健康效果。

# 目　錄

9

# 第一章

# 日本合氣道概況

在了解合氣道之前，我們先要簡單介紹一下產生合氣道時的日本社會和武術背景。

公元 1868 年，日本明治天皇成功地進行了維新（明治維新）運動，摒棄了很多日本的舊有陋制，大量引進了西方的科學技術與思想。

在此時期，出生於日本外交世家的日本武術家嘉納治五郎經過艱苦的努力，對當時的日本柔術進行了改革。他刪除了柔術中的一些危險技術，並把西方體育方法與思想融入到柔術中去，最終在 19 世紀末形成了具有體育和教育意義的新型日本武術——柔道。

同時，嘉納治五郎憑借他的家世與才華，涉足日本政界，借用政治的力量向全日本和世界範圍積極推廣柔道。嘉納治五郎使柔道成為具有教育功能的新興武道之後，再經過艱苦努力，最終使柔道以競技體育的形式成為奧林匹克運動會的競賽項目。嘉納治五郎本人也成為亞洲第一位奧林匹克委員會委員。同時他還培養了以西鄉四郎（20 世紀 80 年代曾在中國播放過的日本連續劇《姿三四郎》的主人公原型）為首的一大批實戰家，為柔道初期的順利發展奠定了基礎。

嘉納治五郎在當時掀起的具有體育和教育意義的日本武術改革大潮,受到日本社會的廣泛認同與接受,當時日本武術的眾多門派紛紛效法,改「術」為「道」。雖然有些門派不如柔道的變革徹底,但卻推動了日本武術整體的向前發展。逐漸形成了延續至今的日本柔道、劍道、弓道、合氣道、空手道、相撲(道)、雉刀(長柄刀術)、銃劍(步槍刺刀術)道與源於我國少林武術的日本少林寺拳法九大武道。

日本武道與日本武術的最大區別在於武道排除了危險內容,以培養人的內涵為理念和目的。合氣道即產生於這一日本武術變革的歷史時期。

# 第一節　日本合氣道創立簡史

合氣道源自於植芝盛平對大東流柔術的改創。我們以創始人植芝盛平為主線,穿插與創建合氣道活動有密切關係的相關人物(植芝盛平的武術導師武田惣角和精神導師出王仁三郎)來介紹這段歷史。

## 一、創始人植芝盛平

植芝盛平是日本合氣道的創始人。1883 年(日本明治 16 年)出生於日本和歌山縣。幼小時的植芝盛平體弱多病,初中沒有畢業就輟學在家。他 18 歲開始到東京打零工謀生。初到東京的植芝盛平白天做小工、零售或無償幫房

東幹活，晚上就到住處附近的淺草（日本的一個地名）一帶學習「起倒流柔術」（日本古代柔術流派之一），這是植芝盛平最初學習和修行的武術內容。

植芝盛平20歲時加入了日本軍隊，當時軍隊主要練習的武術是刺刀術，除此之外還有槍術和「柳生心眼流柔術」等。植芝盛平身高僅156公分，他克服了體格弱小等諸多不利因素，刻苦努力使他很快成為刺刀術的高手，並開始展露了他的武術才華，因此，他曾有機會經常代替教官進行教習。四年的軍隊習武生活，使植芝盛平變成了一個精壯強悍的青年，為他後來創建合氣道打下了良好的身體基礎。

植芝盛平29歲（1912）時到北海道進行農業開墾，生活非常艱苦，當他達到了三年的農業開墾滯留期限後，並沒有離開那裡，而是繼續發揮他的吃苦耐勞精神和組織能力在此工作。1917年他從開墾團的普通人員被提升為具有參政權利的村議員。在此期間，植芝盛平遇到了影響他此後一生事業的武術老師——武田惣角，從此開始了他的全新武術生涯。

如果把植芝盛平的20～29歲期間看做是其身體素質的鍛造階段，進入而立之年之後的十餘年則是植芝盛平的武術技術體系的成型階段。

在這個階段裡，武田惣角（1859～1943）和出口王仁三郎（1871～1948）與植芝盛平的成功息息相關。

## 二、武田惣角與合氣道的技術源流

武田惣角 1859 年生於福島縣，從小跟父親學習家傳的大東流柔術。武田惣角具有極高的武術天賦，除大東流柔術以外，他所學練的「小野派一刀流」和「直心影流」等劍術也很優秀。後來又向西鄉賴母學習「柔術御式內（或稱御敷居內）」。在明治 10 年，18 歲的武田惣角就憑自己的武藝成為大阪大劍客桃井春藏的門客之一。武田惣角的一生中一直以教習柔術為業，他把家傳的「大東流柔術」與從西鄉處學來的「御內式柔術」融合為新的柔術流派，即「大東流合氣柔術」。「大東流合氣柔術」就是後來植芝盛平所開創的合氣道的技術原形。

武田惣角雖然頗有家資，但卻以雲遊日本、挑戰同道高手的「武者修行」為樂，不曾有過敗績。武田一生飄泊，寄居在弟子家中的時間居多。1943 年（昭和 18 年）客死在北國青森縣，享年 84 歲。武田惣角四海為家的生活方式使植芝盛平與他有機緣在北海道的一隅北見國（北海道的一個地方）相遇。在北海道與武田惣角的相遇是成就植芝盛平的關鍵因素。

據說武田惣角性格較為剛烈，曾對植芝盛平的求教百般刁難。但植芝盛平憑著他的天賦與勤奮，很快就深得武田喜愛並得到傾囊相授。一年後（1916）的 3 月，武田惣角傳授了植芝盛平「奧傳秘義之事」。此後數年，植芝盛平或隨著武田外出教柔術，或代理武田指導其他學生學

習，從這個時期開始，植芝盛平已經成為了名副其實的「大東流柔術」的繼承人。

從此一直到 1919 年 12 月，植芝盛平一直以白瀑村為中心進行墾荒工作和柔術修練，不僅在柔術上建立了自己的地位，也在墾荒工作中取得了優秀的業績並受人尊敬。1918 年 6 月，他被選為白瀑村議員，取得了優秀政績。在此前程似錦之際，植芝盛平於 1919 年 12 月因父親去世而離開了居住 7 年之久的北海道。

在這次奔喪的路途中遇到了出口王仁三郎，出口王仁三郎開啟了植芝盛平精神世界之門，使他從此變革「大東流合氣柔術」，為成為新武道的宗師再做努力。

## 三、出口王仁三郎與合氣道的精神源流

出口王仁三郎（1871～1948）的本名是上田喜三郎。1900 年，與大本教初代教主的小女兒結婚，之後成為大本教第一代（初代之後的第一代）教主。

大本教是興起於 19 世紀末的一個新興宗教團體。其教義大意是：「基於對創造萬物的神的善愛和誠信，去創造一個地上天國的樂園。人類的諸惡的根源在於利己主義和弱肉強食，因此應該返本歸真，從祭、教、慣、造出發，信奉清潔、樂天、進展和統一」等四大主義。強調神世唯一、萬教同宗，宗教間應該相互協作等，具有積極的和平主義色彩。

從創教至今共有 6 位教主，其中包括出口王仁三郎共

有兩位男性，其餘均為女性。現已傳至第 5 代。教會本部設於京都府綾部市。

1919 年 12 月，植芝盛平在為父奔喪的路途中偶然到設於綾部市的大本教本部為父親祈禱，並在此結識了出口王仁三郎。植芝盛平很快傾倒於王仁三郎的人格魅力之下，在此停留了 3 天。

1920 年春天，植芝盛平決定不再滯留大有前途的北海道，攜其妻兒一家五口舉家遷住綾部市，一邊習武，一邊從事宗教信仰活動。同年秋，在出口王仁三郎的引導和幫助下，植芝盛平以自己的簡居為教室，開始對由出口王仁三郎介紹來的一些大本教信徒進行「大東流柔術」的傳習，這就是植芝盛平最初的道場「植芝塾」。

在當時的大本教徒中，高學歷者比比皆是，軍政要職者也不乏其人。在「植芝塾」中植芝盛平與當時的海軍中將淺野正恭相識，淺野正恭中將對植芝盛平的發展起了決定性的作用。當時的日本軍人，更是習武成風，到植芝盛平處練習大東流柔術的軍隊高官中，也不乏劍道或柔道等武術高手。

出口王仁三郎由於積極強調世界各宗教萬流同宗，曾親自到過中國北京和蒙古國等地。1925 年在北京成立的世界宗教聯合會，出口王仁三郎是發起人之一。植芝盛平曾隨出口王仁三郎多次參加宗教活動。1924 年，植芝盛平曾隨出口王仁三郎一起到過蒙古國。

20 世紀的前半期，全世界都籠罩在戰亂環境之中，這次蒙古之行據說植芝盛平和出口王仁三郎是幾次槍口餘

生，幾次劍下撿命。生死經歷使植芝盛平發生了突然的精神蛻變，失去對死亡的恐懼後植芝盛平變得非常超脫。

在從蒙古歸來到移遷東京的一年多時間裡，他把自己悶在植芝塾中苦練槍術、柔術。正是這一段時間，植芝盛平的技術和精神的修練都有了新的領悟和飛躍。對生死的超越，使他開始從精神上去感悟柔術。出口王仁三郎的感化和植芝盛平自己的「悟道」，開始讓他將自己的柔術中糅入一些近乎「仁愛」的精神因素。這主要體現在後來日本合氣道講究「尊重生命，尊重對手」，以「和」為起點的精神修養等。

## 四、植芝盛平與武田的疏遠和合氣道的成立

1922 年春，武田惣角也攜妻兒來到綾部市，主要活動內容就是扶助植芝盛平進行「大東流柔術」的教學活動，以及繼續直接指導植芝盛平掌握大東流柔術的精髓。

在武田惣角來到綾部市半年左右的時間裡，植芝盛平一邊借助恩師的力量壯大了自己的聲威，一邊從武田惣角那裡繼續吸收大東流柔術的精華。

1922 年 9 月，武田傳授植芝大東流柔術的絕密手抄本《合氣柔術秘傳奧義之事》並於同月 15 日正式承認植芝盛平的「大東流合氣柔術」。此處應該注意的是，武田惣角所承認的是「大東流合氣柔術」，而非先前的「大東流柔術」，二者相比多了「合氣」二字。

1925 年秋，進一步完成了身心修練的植芝受海軍大將

竹下勇之邀來到了東京，使合氣道從武田的大東流合氣柔術中獨立出來並開始全面地發展。

當時的日本東京是各地武術精英聚集之地，可以說是藏龍臥虎之地。劍道、柔道早已佔據了很大的市場。植芝盛平的「大東流合氣柔術」只是眾多柔術中的一種，當時並不十分有名。雖有竹下等社會名流支持，但起初拜於植芝門下的人卻寥寥可數。與在綾部時有出口王仁三郎率信徒來學的境況相比簡直是天淵之別。

對靠授徒為生的植芝盛平來說，此時是最為清苦的一段時間。這時拜於植芝門下的，只有後來成為其最得意的弟子的富木謙治、富木堅三郎等數人。植芝對已是柔道高手的富木兄弟青眼有加，不僅傾力相授武術，連自己的宗教修行都要把富木兄弟帶在一起。

植芝不僅勉力進行宗教修行、柔術練習，還常常去參悟「柳生新陰流劍術」等其他流派的武術。每日的宗教修行使植芝與其武術之師武田在精神境界上開始有了很大差距。如果說武田是一個具有極高天分的起起武術實戰家的話，那麼植芝在當時已經是一個有了更多精神修養和內涵的謙恭君子型的武術家。

植芝雖然極為敬重武田的武術技術水平，但對其剛烈的性格頗多煩憂。還有就是據說植芝盡自己能力奉養武田，但微薄的收入往往使他陷入入不敷出的困境。植芝離開綾部來到了東京，武田也是多次從綾部來到東京相訪，植芝經常以外出修練其他武術流派為由，往往避而不見。此時的植芝與武田之間，已經開始有了明顯的裂痕，這種

裂痕有精神境界的差距，也有人情世故的原因。但即使如此，植芝與武田並未完全分裂，1931 年，武田還傳授其柔術手抄《御信用之手 84 條》。植芝在武術上開始與武田保持距離。

1926 年時，在記錄植芝弟子名字的「英名錄」中，植芝已經有意把自己所傳授的武術稱為「合氣柔術」，而不是「大東流合氣柔術」。此時可以看做是合氣道從其母體「大東流合氣柔術」中開始的第一次裂變。

由於植芝身後有一大群身處要職的軍人支持，再加上植芝本人對武術的執著追求，其境況很快有了很大轉機。1927 年秋，由竹下勇親自出面，成立了以自己為會長，原總理大臣山本權兵衛為顧問的「合氣柔術」愛好會。一些軍機要人和社會名流拜入植芝門下，教授活動名聲大振，很快就在東京和大阪兩大城市中擁有了幾處自己的道場。1931 年，甚至在東京中心地帶建立了一個 150 平方公尺左右的大教室，這就是有名的「皇武館」。1940 年，以一些社會名流為中心，成立了一個專門支持植芝的財團，即「皇武會」。此時的「合氣柔術」從組織形式上已經與「大東流合氣柔術」有了天淵之別。值得一提的是，植芝盛平與當時對日本武道影響最大的柔道創始人嘉納治五郎開始有了頻繁的交流。嘉納也曾派柔道弟子到植芝處學習大東流合氣柔術；同時，嘉納的「柔術向柔道發展」的新武道思想也對植芝產生了一定的影響。

植芝的「合氣柔術」受柔道所引起的日本「武術」向「武道」變化的潮流影響，在經歷了「合氣武術」「皇

19

武」「皇武道」等名稱的變化後，從 1936 年左右開始一直
運用「合氣武道」這一名稱。日本戰敗後，由於受到聯軍
對包括「武術」「武道」和「武士道」等凡是有「武」必
禁的禁令影響，「合氣武道」也就捨去武字不用，改稱為
「合氣道」，並一直沿用至今。

　　由於 1936 年開始正式長期使用「合氣武道」和 1943
年武田的逝世，結束了武田惣角的「大東流合氣柔術」時
代，轉變成了植芝盛平的合氣道時代。但他限於自己的學
識素養，沒有能力將合氣道完善成獨立的教程系統。繼而
對合氣道技術理論進行系統整理的人，正是最早拜入植芝
門下幾位得意弟子之一的富木謙治。

# 第二節　日本合氣道的主要流派

　　1969 年（昭和 44 年）植芝盛平逝世。他與著名的柔
道創始者嘉納治五郎和被稱為日本柔道「獨孤求敗」的柔
道高手西鄉四郎一樣，同樣是身材矮小者，但他們掀起了
近代日本武道的革新颶風，使日本武道從技術風格和思想
內涵上都達到了一個嶄新的境界。

　　在日本武道裡，要想從舊有門派中脫穎而出自立一
派，一般被認為需要具備以下三個條件：其一，出現天才
型的武術人物。其二，有高度成熟的武術技術內容。其
三，有完整的武術傳授系統（包括技術體系，傳授過程和
傳授方法）。

　　合氣道的開創有賴於植芝盛平的畢生心血，而合氣道

的技術理論系統整理，形成一套獨立的教程系統而走向成熟，則有賴於植芝盛平的得意弟子、後來的早稻田大學教授富木謙治。

富木謙治（1900～1979）與他的哥哥堅三郎是最早從師植芝盛平，並成為植芝盛平的得意弟子。1940 年，富木謙治被植芝盛平授予合氣道八段，成了第一個被植芝盛平承認的合氣道八段者。

富木謙治 1944 年進入日本著名的早稻田大學擔任教授。富木謙治與恩師植芝盛平一道，把植芝盛平的傳授內容和過程整理成書，先後發表了《武道練習（植芝盛平著，1933 年）》一書和《合氣武術教程（1937 年）》《體術教程（1943 年）》等教材教程。這些書和教材，使植芝盛平的武術內容系統化，特別是把從武田惣角那裡學來的「大東流柔術」中沒有名稱的技術動作加以命名和歸類，使其具有了更加明朗的系統體系。

富木謙治對合氣道的歸類整理，以及鹽田剛三等其餘幾位植芝盛平的得意弟子的努力，從客觀上保證了植芝的合氣道從內容和傳人等方面的體系化，從而使得合氣道廣為傳播，成為日本九大武道項目之一。

植芝盛平在富木謙治的幫助下完成了合氣道的獨立體系，但正因為是得力於富木謙治而非植芝盛平本人，因此植芝盛平在當時並不能自如地駕馭合氣道的發展。在植芝盛平的有生之年，植芝門下的得意弟子們就已自成體系，各立門派。這些門派主要有：富木謙治組織成立的「日本合氣道協會」；望月稔的「養正館」；鹽田剛三的「養神

館」；藤平光一的「氣的研究會」和現在由植芝盛平之孫
所領導的「合氣會」等等。

# 一、富木謙治與日本合氣道協會

富木謙治，1900 年出生於日本東北地區秋田縣的一個
地主家庭。自幼愛好武術，據說他從 6 歲開始就愛舞弄木
製日本刀，10 歲開始正式學習柔道，很快在中學柔道俱樂
部得到重視。中學畢業後離開秋田縣南下東京，由於患了
肺結核，富木不得不一邊養病，一邊準備大學升學考試。

1924 年，24 歲的富木謙治考入日本著名的早稻田大
學，並在當年春季升至柔道四段，很快又於 1926 年升至五
段。1925 年秋，富木謙治開始與其兄長富木堅三郎一道從
師植芝盛平，學習「大東流合氣柔術」。當時植芝盛平的
植芝門下正處於冷淡時期，柔道四段的富木謙治到來，使
植芝盛平喜出望外，從這個時期開始，富木謙治就已成為
植芝盛平門下的最重要弟子之一。

由於富木謙治的才識，他獲得了植芝盛平的傾囊相
授，本是柔道高段的富木謙治很快就在植芝盛平的熱心指
導下登堂入室，並開始與植芝盛平一起整理原先並不很系
統的大東流合氣柔術的理論和技術體系，並從 1933 年開始
陸續編撰出版《武道練習》《合氣武術教程》《體術教
程》等書籍和教材。

1936 年，富木謙治作為偽滿政府設立的所謂「建國大
學」的教授來到中國東北，開始在那裡把合氣道作為一項

體育課目傳授給那裡的中日學員，邁開了合氣道後來進入日本學校教育系統的第一步。

1949 年，富木謙治到早稻田大學任職後，主要致力於戰後被聯合國禁止的包括柔道等在內的武道的再興。1950年，柔道首先解禁後，富木謙治一直致力於柔道的指導工作。1954 年升職為早稻田大學教授，4 年後的 1958 年，富木謙治在大學創立了合氣道俱樂部。在其後的合氣道發展過程中，由於受西方體育教育、體育競技思想的影響較大，同時受嘉納治五郎把「亂取法」（即自由練習法）引入柔術改革中並取得成功的啟發，富木也試著把「亂取法」引入合氣道中。

被引入了自由練習法後的合氣道不再局限於單純的「形」（套路）的限制，具有了可分勝負的競技性格鬥。這一革新深受青年大學生們歡迎，很快就流行起來，到1961 年時，具備了競技特徵的合氣道就已初具規模。在植芝盛平去世的 5 年之後，1974 年富木謙治正式成立了「日本合氣道協會」。由於以富木謙治為中心的合氣道引入了自由練習法，承認競技特徵，所以「日本合氣道協會」所開展的合氣道又往往被稱為「競技合氣道」。

競技合氣道的主要形式是一方持橡膠製匕首，一方以合氣道技術進行防衛、反擊的攻防競技。1971 年，富木謙治被授予了柔道八段。由於富木謙治推廣的合氣道具有一定的競技特徵，雖然能夠提高學生們的修練興趣，但在一定程度上與崇尚大本教和平主義的植芝盛平及其他門徒稍有不和。富木謙治雖是被植芝盛平第一個授予了合氣道八

23

段，但他的合氣道段位也就此而止。1979 年，富木以 79 歲的高齡去世。

富木流合氣道的最主要特點是在「形」（套路）的基礎上引入了「亂取」法，即可以自由對練的方法和可分勝負的競技形式。另外，富木謙治的合氣道曾主要在日本的學校教育中展開，因此富木流合氣道的體育、競技的成分較多，飽含近現代西方體育教育的理念。其餘流派，雖然其合氣道本身也同樣具備格鬥的本質，但卻不允許出現有爭鬥勝負之心和上述兩種運動形式。

## 二、望月稔與養正館

望月稔 1907 年出生在東京附近靜岡縣的一個牧場主家庭裡。1912 年移居東京，開始學習柔道。後來又先後練過劍道、居合道等日本武術，但以柔道為主要內容。

1926 年進入嘉納治五郎創建的「柔道中樞講道館」繼續柔道的修練並獲初段段位，1927 年升為二段並被著名柔道大師三船久藏收為親傳弟子。1928 年，取得柔道三段後，又多次得到嘉納治五郎的直接指導。1930 年，望月稔在取得柔道四段後，受嘉納治五郎之命，拜植芝盛平為師，開始學習「大東流合氣柔術」。隨後成為植芝盛平在日本陸、海軍大學傳授合氣道的得力助手，一直親隨植芝盛平左右。同時也定期接受嘉納治五郎的柔道指導。

1931 年，積勞成疾病倒，出院後回到老家靜岡縣，在家人的援助下成立了自己的武道道場——養正館，主要教

習門徒學習合氣道、柔道。從 1933 年開始，植芝盛平也經常來到養正館，繼續給望月稔傳授「大東流合氣柔術」。1938 年，望月稔曾到內蒙古包頭市，在那裡的中學進行日本武道的傳授。1946 年回到日本，並於 1950 年重新建立了養正館。隨後，去歐洲，開始在歐洲傳授日本武道。1953 年回到日本後，先後取得劍道五段、杖道五段和柔道七段並出版了《合氣道入門》一書。

1960 年後的十餘年間，望月稔主要以法國為中心在歐洲推廣合氣道。70 年代末 80 年代初，分別被授予柔道八段、合氣道十段，並於 1981 年成為合氣道的主要繼承人。1999 年望月稔把養正館本部遷至他的活動中心法國。翌年，殘留日本的養正館合氣道以「武道正風會」之名獨立。2003 年望月稔在法國去世，享年 96 歲。

受西方「合理主義」的影響，養正館合氣道比較注重各技術動作的合理性和科學性，從這個角度上來說可以把望月稔的合氣道看做一種追求合理性的格鬥技。

## 三、鹽田剛三與養神館

鹽田剛三 1915 年出生於一個名醫之家。與植芝盛平一樣同屬身材矮小者（身高 154 公分，體重 45 公斤左右）。鹽田雖然身材矮小，但卻極具武術天分。被認為是合氣道中首屈一指的大師。

據說鹽田剛三十分好鬥，幼年開始學習柔道，高中二年級時就取得了柔道三段。1933 年，18 歲的鹽田剛三受好

友的邀請到植芝盛平的道場去參觀。在觀看了植芝道場合氣道表演後，植芝讓鹽田試技。據說鹽田當即飛起一腳踢向植芝，結果是不但沒有踢著植芝，反而被摔倒在地。鹽田感服於合氣道的魅力，即日就拜入植芝門下，隨植芝學習合氣道。此後 8 年，鹽田一直跟隨植芝左右，盡得植芝真傳。1955 年，鹽田剛三自己成立了「養神館」，開始自己傳授合氣道。

鹽田剛三非常重視對身體的合理運用和解釋，他所傳的合氣道比較重視呼吸與動作的配合，鹽田剛三認為這種與呼吸相配合的力量為「呼吸力」；同時鹽田剛三還認為最完美的力量應該是來自於全身的統一，他把這種合一的力量稱為「中心力」。不管是「呼吸力」還是「中心力」，應該說都極具生理學和心理學原理。

體格矮小的鹽田剛三大概由於他天生的好鬥性，具有一雙駭人的冷如電芒的鷹眼，更對實戰有著如痴似狂的追求，因此他也成了植芝門下最有名的實戰家。鹽田流合氣道也因此是當今諸流派中最具實戰性質的一派。1994 年，鹽田剛三去世，終年 78 歲。

## 四、藤平光一與氣的研究會

藤平光一 1920 年出生於日本首都東京。由於自幼體弱多病，少年時開始禪和呼吸法（類似於氣功）的練習。19 歲時開始跟隨植芝學習合氣道。藤平光一畢業於著名的慶應義塾大學，最高合氣道段位十段，是植芝一門又一位才

子型高徒。

從 1953 年開始，藤平光一開始穿行於美國和歐洲之間，積極向歐美推廣合氣道。正是如此，藤平流合氣道現今在日本的正式會員僅有 3 萬餘人，而在海外卻反而有 17 萬餘人的正式會員。

1971 年，藤平光一成立了自己的合氣道組織「氣的研究會」，開始向一些企業和個人積極推廣他的合氣道。大概由於藤平光一自幼弱病而立志以「氣」和武道為手段來改造身體的原因，藤平流合氣道非常重視對「氣」的運用和強調「身心統一」。因此藤平流合氣道又別名為「身心統一合氣道」。現在該協會以讓每家每戶都有一名「氣的健康學士」為目標，在日本國內開設了很多短期講座，大力進行「氣」的合氣道的普及。

注重「身心統一」和「氣」的妙用的藤平流主張與人、與天地之氣共生，與我國道教的主張非常相近。格鬥的特徵在這裡已經退化，可以說藤平流合氣道是為健康而產生的武道。

## 五、植芝家族與合氣會

合氣會現在是日本也是世界合氣道界最大的合氣道組織。與其他幾個合氣道協會或組織所不同的是，合氣會是由植芝盛平親手創建，其後的會長也是由植芝家族親自領導。在經由初代會長植芝盛平和第二代會長植芝吉祥丸（植芝盛平之子，1921～1999）後，現傳至第三代，現任

27

會長植芝守央（1951年出生）。

合氣會於1940年得到日本政府的正式承認。1950年，合氣會與其他各派合氣道一樣，開始向世界推廣合氣道。1976年，合氣會組織成立了「國際合氣道聯盟」（IF），該聯盟現有加盟國或地區80多個。合氣會掌握了日本國內近90%的合氣道組織，在全日本各地都設有自己的分會、道場。

與其他各流派合氣道相比，合氣會的最大特點在於它的組織強大。合氣道本身的特色反而不如其他各派突出。

鹽田剛三等弟子主要繼承了植芝的宗教理念，包括敬愛、氣等等，是具有典型東方色彩的身體文化。

從1955年開始，合氣道傳至美國的夏威夷、洛杉磯、紐約，然後又以法國為中心，普及至英國、德國、義大利等國，之後又推廣至南美、東南亞、澳洲和紐西蘭等國，並於1976年召開了第一次國際合氣道聯盟總會。從那時開始，日本合氣道就已經走向了世界。

# 第三節　日本合氣道的內容概要

## 一、日本合氣道的場地、服裝與禮節

### (一)場　地

受日本的氣候和生活習慣等因素的影響，日本武道中

含有很多跪、坐、跌摔的動作。從衛生和安全等角度考慮，幾乎所有的日本武道項目都是在室內進行。

日本室內武道場館的地面主要有木地板和「榻榻米」兩種，木地板主要用於摔打動作較少的劍道等武器類武道項目；「榻榻米」則主要用於摔打動作較多的柔道和合氣道等徒手武道項目。

「榻榻米」在日本有著千年以上的歷史，是一種由燈心草和稻草編製的生活用品墊子（每塊長約 1.8 公尺、寬約 1 公尺、厚約 5 公分），它柔軟且富有彈性。

現在用於合氣道等武道的榻榻米，是一種更加柔軟耐用的塑料紡織品，為柔道和合氣道等摔打武道提供了練習時的安全保障。在日本專門的武道館中，也備有用沙土做成的相撲場地。

另外，在日本除去專門的武道場館之外，還有遍佈日本城鄉各地的大小體育館，其中一般都設有武道練習場。還有一種叫「公民館」（顧名思義就是任何公民包括外國人都可以廉價租用或免費使用的場館）的場所，在日本各地更是星羅棋布。武道館、體育館和公民館，為日本武道的開展提供了絕好條件。

在我國開展合氣道，體育館中的墊子，室外平坦的草地都可成為榻榻米的代用品。隨著技術的熟練，在體育館中的木地板上也可以練習。如果再減少一些倒地動作的話，在室外平整的土地上也可以開展。但在混凝土或有沙石等硬糙地面上，不宜進行合氣道的練習，以避免倒地時造成傷害。

## (二)服 裝

合氣道源自柔道,因此,合氣道的服裝與柔道服十分相近,練習合氣道時也可以使用柔道服。有些正規的合氣道場在練習時要求練習者配上一種叫 HAKAMA(袴)的肥大黑色長褲。由於合氣道的技術動作主要以推擊和上肢的反關節技術為主,不像柔道有很多抓拿衣領袖口的動作,因此,現在逐漸趨於使用一種比柔道服更薄、更軟、更寬大的服裝。另外,在日本練習合氣道或其他日本武道時,教練和學生基本上都是赤腳進行的。

由於合氣道沒有對服裝的抓扯動作,如果在我國開展的話,進行練習時完全可以使用平時的運動服裝和穿上運動鞋襪。

## (三)禮節與氣度

在學習和練習合氣道的過程中,特別注重每位練習者的禮儀與個人的氣度。合氣道有一種理念,認為如果練習者在格鬥對抗中不注重培養自己的禮節和高雅有禮的氣度,則等同於野蠻的鬥毆行為。禮儀要貫穿合氣道練習的始終。

### 1. 合氣道的行禮方式

日本合氣道的禮節有「坐式禮」和「站位禮」兩種。

(1)坐式禮(跪拜禮)

坐式禮主要用於每次練習的開始和結束,以及需要慎重時的禮儀。具體的方法是:正坐後兩手由大腿滑至膝前

地面成八字，身體前傾與地面平行，前額接近或觸及兩手
虎口間八字形地面。這個動作可以稱之為「跪地前伏叩
首」（圖 1-1、圖 1-2、圖 1-3）。一般在練習開始和結束

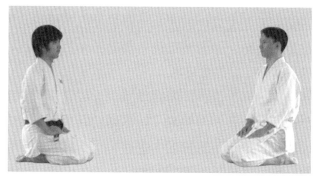

圖 1-1

圖 1-2

圖 1-3

時都要面對師長同時行此大禮。由這種禮節給人一種嚴肅的感覺和相互尊重的感情。可以說是一種體現師生相互尊重、尊重學習和感受傳授的神聖性的禮節。

（2）站位禮（鞠躬禮）

站位禮主要用於練習開始時對對手的尊重和請對手多指教的請求之意；練習結束後主要是表示對對手的感謝以及對自己練習成功的尊重。

合氣道的理念認為在對練項目中，如果沒有對手的存在，自己的提高是不可能的。正是基於對手而非敵人的存在，才能在日復一日的練習中磨練自己的技術和品德。對對手的尊重，就是對自己的尊重。

另外，站位禮還用於進出場館時的禮儀和對場地的感謝，這是習練日本武道非常重要的一個環節，也是日本武道中道德教育的一環。對場館這一物體的禮節，可以讓練習者感受到學習現場的神聖，也可以讓練習者更加愛護自己的體育場館。與其說向場館致禮，不如說是在向自己的心態，行為規範致敬。

在日本，一堂練習課結束後，參與者會一起清掃甚至抹擦地面，因此即使外觀看上去是比較陳舊的建築，場館內部一般都是整潔乾淨的。站位禮的具體操作方法是：直立後上體前傾約 40°（圖 1–4、圖 1–5）

## 2. 合氣道禮節的應用場合

（1）練習者進入練習場地和練習之後走出場地時均應行禮。

（2）在開始練習前，師生應共同向道場正面所供的開

圖 1–4

圖 1–5

祖像、合氣道標誌等行禮，然後師生互相行禮。

（3）在同伴共同練習前後，雙方也應行禮。

（4）如果遲到，遲到者應在正面行禮後，靜靜正坐於道場墊的一角，等老師召喚並向老師行禮後方可進場練習。如中途因故離場，應事先得到老師的許可。

合氣道的理念認為：兩個人互相學習和練習時經常以禮相待，可以增進和培養相互之間的友誼，學會怎樣尊重別人。同時在合氣道哲學理念的薰陶下，透過禮節可以培養練習者的充滿理性的品德。

在武道中特別重視禮節。對師長、前輩、對手，包括練習的道場都要鞠躬致禮。同時，日本武道也把注重禮儀視作武道教育手段的特色之一。

# 二、合氣道的技術等級

合氣道的技術等級分為「段前級別」和「段位級別」兩部分。

## (一)段前級別

段前級別有兩種模式：

其一是日式五級。日式段前級「五級」最低，「一級」最高。日式段前級在腰帶顏色上沒有分別，統一繫白色腰帶。初段以上繫黑色腰帶。

其二是美式六級。美式段前級「六級」最低，「一級」最高。段前級以不同顏色的腰帶區分，一般來說，六

級為白帶，五級為黃帶，四級為橘帶，三級為綠帶，二級為藍帶，一級為褐帶。美式初段以上繫黑帶。

## (二)段位級別

段位級別最高為十段。一般來說，達到八段已被認為是最高的了。段位級別的九段與十段只授予對合氣道有特別重大貢獻的人。

對於級別的認證，各個流派均自己進行考試，自己發證書。流派之間的段前級別和段位級別彼此都不兼容。也就是說，流派之間對其他流的段位級別是彼此不承認的。一般練習某個流派，級別以自己流派的考試為準，以自己流派的證書為準。各流派對學員考試認證的原則是差不多的。一般來說，視學員對合氣道技術掌握程度的不同、對合氣道知識理念的了解程度不同、對合氣道的貢獻不同而定高低。合氣道升級、升段考試還要看練習者的練習時間，時間長者級別相對較高。

35

# 三、日本合氣道的攻擊目標

合氣道技術的攻擊目標主要是對方的下頜、下腹部、腕關節、肘關節等身體部位。由對這些部位的攻擊來破壞對方的身體平衡，從而達到控制對方而不是傷害對方的目的。

在生死攸關的實戰格鬥和冷兵器戰爭中，是以盡快傷害對手為目的的。眼睛、咽喉、後腦、襠部等人體最薄弱的身體部位，無疑是最為有效的攻擊目標。因為對手的這

些部位往往一擊就可以致以重傷或致命。所以，這些人體的薄弱部位都是古代或近代實戰武術中的重要攻擊目標和重點守護位置。

在日本武道中，把人體的這些薄弱部位稱為「急所」。當戰鬥手段以競技體育的形式開始發揮體育功能的時候，人體的要害部位就不能再成為主要的攻擊目標。因為體育性質的格鬥對抗必須在保證練習者生命安全的前提下進行。如在現代拳擊、散打等對抗性項目中，上述人體要害部位是禁止擊打的。另外，肘攻或膝擊這些極具殺傷力的攻擊手段也要受到限制。

合氣道基於「和為貴」的基本理念，作為一種攻防練習和身體運動的教育手段，把武術中原來用於對致人於死地或重傷的要害部位的攻擊，改變為主要對下頜、腕關節和肘關節等有效部位的進攻。主要是使對方失去平衡或制服對方，在對抗中一般不使用技術方法直接攻擊對方的要害部位。

當然，即使攻擊這些有效部位時，如果使用技術不當或用力過度，也有可能造成對方的韌帶損傷或骨折等傷害，因此，在練習合氣道的過程中，一定要注意「心存善念」（與自己對練者是練習的對手而不是生死相拼的對手），避免對手或自己受傷。

## 四、日本合氣道對「勁力」的基本認識

勁力是所有武術和武道追求的核心內容。日本合氣道對用勁力的方式也是有多種認識的，主要有「呼吸力」和

「中心力」兩種表述方式。

## (一)呼吸力

早稻田大學教授志田文明認為：合氣道的「呼吸力」實際上就是透過呼吸與動作的配合來達到一種合理的、整合了全身力量的「統一力」。這與中國武術中要求上下協調、內外合一以達到「整勁」的思想有異曲同工之妙。其實「呼吸力」不僅限於合氣道，就是日常生活中的很多動作也是與呼吸相配合的。如我們在劈柴、舉起重物時的習慣發聲一樣伴隨呼氣的發聲其實就是在便於用勁。再如跑步等體育運動中，呼吸方式可以在很大程度上影響跑步的質量。

在合氣道等與人格鬥的武道或武術中，呼吸方法與發力時機等的配合更是密不可分。一般來說，人體在吸氣時便於肌肉放鬆，呼氣時便於肌肉緊張。在武術對抗比賽或格鬥拼殺時的發聲，也都基於此。

合氣道雖然不要求在進攻中發聲，但同樣要求由吸氣以達到化開對方、由呼氣以達到運用一種最合理的勁力，以制服對方的用力方式。

其實，武道中追求對攻防有效的那種呼吸方法，也只不過是從屬於攻防動作的，重要的是由四肢與軀幹的合理運用以達到一種統一的、最佳的用力效果。

## (二)中心力

以鹽田剛三等為主的合氣道流派比較常見地運用「中

心力」這一詞彙。在「中心力」的認識中，把呼吸和對身體中心的同時運用作為主幹內容。練習合氣道時，不管人體運動如何變化，重心的位移都應該是非常重要的因素。

前面所說的「身體的統一」最後也應該歸結到重心這一點上來。當然，由於人體不是物體，在瞬息萬變的攻防中，對我們自己身體起指導作用的還是意識、是意念。所以，大概正是基於這一點，在合氣道對力量的運用中，用一個叫「身體中心的感覺」來代替「重心」這一機械的力學原理名詞。

因為攻防是自由的運用而不是呆板的物理計測。所以說，合氣道「中心力」的這一說法，既是因為呼吸方法和重心的存在而靠近了生理學、物理學的科學認識，同時也保存了意念這一較為自由的意識形態。

不論是運用「呼吸力」還是「中心力」，都是以身體為原點，以追求一種對全身體最合理、最有效的用力方法。因此，我們在學習合氣道的時候，應該把合理地運用四肢與軀幹作為需要掌握的一個重點。然後才是輔之以呼吸、意念等從屬因素。

我國武術中的「丹田」，其實其位置與人力在物理學意義上的重心位置非常相近。在我們練習中國武術或氣功時，如果把丹田作為一種身體力學（重心）意義上、生理學（呼吸、意念）意義上的東西來看的話，也許會有新的發現。從這一點上來說，中國武術中的「丹田發力」與日本合氣道中的「呼吸力」「中心力」或「統一力」，其實是在從不同角度、不同側面、不同用語上去追求和解釋武

術或武道的「內功」修練。

# 五、日本合氣道技術體系的基本內容

合氣道是一種徒手技術和使用劍、杖、匕首等器械的綜合性武道。所有的技術動作都較為平和，沒有騰空跳躍等動作。其徒手技術可分為「投技」「固技」「當身技」三大類。其中「投技」和「固技」是主要的技術內容，拿摔制服技術是技術的核心。徒手技術的延伸就是各種器械的使用技術。

合氣道的技術體系主要包括以下基本內容（具體內容和圖解，我們將在第二章中逐一進行說明）。

## (一)合氣道的準備活動

合氣道的準備活動主要有：

### 1.常用一般準備活動

主要是身體的一般伸展和環轉運動。目的是進行熱身活動和柔韌性練習的準備，使關節、肌肉和神經的反應速度都能處於一個比較適合運動的狀態。

### 2.針對性準備活動

主要針對身體各關節（特別是肢體關節）的柔韌性和反關節準備。目的是便於雙方使用技術時避免受到傷害，使身體在一般準備活動的基礎上，更加適合對抗練習中的推擊、反關節和倒地等技術動作對身體的要求。

## (二)合氣道的基本姿勢

主要有「自然站立式」「正坐式」和「左右站立式」等。

「自然站立式」主要用於練習開始前的一般準備姿勢。

「正坐式」主要用於開始和結束時的跪拜禮前後和冥想時，還有就是用於跪坐姿勢的對敵時。

「左右站立式」主要用於雙方對峙、運動中或攻防時。

## (三)合氣道的基本步法

合氣道的步法以一腳前進，另一腳隨之跟進的跟步為主。還有前進後退、左右移動和左右側閃身的步法。另外還有以前腳掌和膝關節為支點的跪立移動和變換方向的方法。

## (四)合氣道的倒地練習

合氣道的倒地練習主要是為了配合對手的練習和倒地時的自我保護。動作主要有前倒地、後倒地、側身倒地、搶背倒地等。

## (五)合氣道的手足配合練習

初學者在練習時往往不能做到手足動作的統一，特別是往往容易只注意上肢的使用而忽略了下肢的使用。然而合氣道是非常注重下肢力量和身體的整體力量的運用的。合氣道的手足配合練習就是為解決這一問題而設計的。

## (六)合氣道的基本手法

合氣道的基本手法主要有兩類：

### 1. 掌 法

合氣道中一般以掌為刀，所以，掌在合氣道中一般被稱為「手刀」。手刀主要用於推擊和砍打，主要手法有正面推、錯身推、側面推、下手推和後按雙肩五類。

### 2. 反關節技法

合氣道中的反關節技法主要針對對方的腕關節和肘關節。主要有反肘關節（擰臂壓肘按倒，擰臂壓肘拉倒，反前臂，擰臂，擰臂夾壓肘等）和反腕關節（握腕、擰腕等）。

## (七)合氣道破壞對方身體平衡的基本練習

破壞平衡在日本合氣道中稱為「崩」，主要運用一些捋、化、帶和擰轉的動作使對方身體失去平衡，進而反攻對方。因此可以說，破壞平衡是一種轉守為攻的重要過渡手段，在使對方失去平衡時，達到後發先至的攻擊效果。其中的練習方法十分重要。

## (八)合氣道的基本練習方式

### 1. 基本練習十七勢（或叫十七動）

日本合氣道是一種比較接近實戰但又不是為實戰而存在的日本武道項目。看似隨意自由的練習方式是建立在以下 17 個基本動作的選擇和使用的基礎之上，而且還可以從

這些基本技術當中演變出三千多種動作。這 17 個基本動作的名稱（括號內為中文意譯）是：

（1）正面當（正面推擊）

（2）相構當（錯身推）

（3）逆構當（錯身劈）

（4）下段當（推擠靠）

（5）後當（向後拉按）

以上五動為推擊性動作，攻擊的目標主要是對方下頜和肩、頸部。

（6）押倒（擰臂壓肘）

（7）腕返（反臂）

（8）引倒（擰臂捋壓肘）

（9）腕捻（擰臂轉肘）

（10）肋固（擰臂夾壓肘）

以上五動主要是針對肘關節的擒拿動作。

（11）小手捻（撅腕擠壓）

（12）小手返（擰腕壓肘）

（13）轉回小手捻（轉身撅腕）

（14）轉回小手返（轉身擰腕）

以上四動主要是針對腕關節的擒拿動作。

（15）前落（前摔）

（16）隅落（斜摔）

（17）引落（捋摔）

以上三動主要是順勢快摔動作。

### 2. 連續組合動作

連續組合動作主要應用於當某一個進攻動作受阻或失敗時，或者為了增進自己進攻的成功率時，隨機應變運用第二、第三或者更多的攻防動作，直至使對方難以對應、進而失敗受制於自己的連續攻防的組合。

### 3. 自由對練

當以上的基礎練習比較熟練之後，就可以適當增加一些自由對練的練習。自由對練主要是指以上述 17 個基本動作為中心，從兩人的位置關係出發，任意選擇 17 個基本動作之一或把其中幾個動作加以組合後與對手進行的攻防練習。自由練習主要有訓練和增強自己對攻防的位置（空間）感覺、時機的選擇、動作熟練度的向上、隨機應變等能力。同時，自由對練也可以由自由的選擇運用進而達到增強對練習的創造意識、增加練習的成功感和積極性等目的。

在日本諸般武道中，自由練習往往是最受學員歡迎的練習項目之一。如在柔道的發展過程中，「亂取」就正是其征服一般大眾、取得發展的成功的「法寶」之一。合氣道的自由練習也備受練習者的歡迎。此外，自由練習也是參加合氣道比賽或在某種特定條件下，不得已而選擇自衛還擊手段的重要的「預習」方法。

### 4. 比 賽

除去富木謙治的競技（體育）式合氣道外，其餘各派禁止比賽。在我國開展合氣道時，也可以把比賽當做自由對練的延伸來加以運用。

43

　　由於合氣道崇尚「和為貴」的精神，因此，幾乎所有的合氣道流派都把比賽這一帶有對抗、比量性質的競技手段看做是與「和」的衝突，進而否定了各自流派中的合氣道比賽形式。這些流派也存在自由練習，經由基本練習和自由練習來達到體會每一個技術效果的目的。

　　富木流的合氣道主要是承認體育意義上的比賽，即透過比賽來達到檢閱修練的成果、提高學習興趣、增進身心健康的這一身體教育意義上的目的。

　　從這個意義上來說，富木流合氣道與「和為貴」的思想並沒有根本上的衝突，而是表現形式上存在的多樣化。因為體育意義上的「競賽」，與古代武術的殺伐性質、生死存亡的競爭是有著根本區別的：一個是競而共生、互勉，一個是競而死傷。

　　我們在開展合氣道的時候，可以把有無比賽這兩種表現形式加以共存，應學員的興趣、要求和練習場地的標準，我們也可以把適當的比賽當做促進教與學的手段來進行運用。不管採用哪一種形式，讓學員在學習、練習或比賽中相互尊重，彼此共同提高，都應該是開展合氣道需要強調的精神意義之一。

## 5.防 身

　　如果用語言說明合氣道的「防身」，那就是撤除正常合氣道練習時的謙和心態，輔以狠快等出敵不意的因素。此外，再加一些要害部位的說明等。

　　任何武術從根本上來說都具有攻防意義，合氣道更以它靈活多變的推擊、反關節和快摔的特點，可以廣泛地應

用於防身。特別是合氣道等日本武道多以兩人對練為主要運動形式，更使得合氣道可以即學即用，迅速地完成對手性質的轉換。

在合氣道練習中，強調使對手不要受傷是需要掌握的最重要的學習內容之一。在不得已的條件下用於防身時，這些平時需要重視的安全因素可以適當「釋放」，就可以把來自對方的威脅轉化為對對方的懲治。一般情況下，我們還是以制服對方為主，如果情況比較緊急，我們可以摒棄平時學習合氣道時的謙和心態，以狠、準、急、重等對敵原則加以反擊。

比如在推擊時可以擊打對方咽喉、眼、胸腹間膈膜處、肋、小腹和襠部等「急所」；在進行反關節技時可以更狠、更重地運用爆發力造成對方關節脫臼等傷害；在運用摔法時可以盡量使對方不能使用保護動作、更快更重地使對方倒地受傷等等。

以上用於防身的合氣道，都是在危急情況下的運用之道，不應該是合氣道的主流。我們處於一個法治的社會，發展到現在的合氣道更是以它的體育意義、健身意義和精神修養為主流的，我們在了解合氣道的防身功能時，更應以上述健身意義和精神修養為主要目的。

45

# 第四節　日本合氣道的主要特點、作用及練習注意事項

## 一、日本合氣道的主要特點

武術散打是我國武術中的對抗項目，具有國內外的多種競賽方式和眾多的練習者。武術散手要求在規則允許的範圍內盡量多和盡量重地打、踢、摔對手；盡量快地讓對手失去進攻和防守能力；盡快贏得比賽的勝利。

合氣道與我國的武術散打相比，除具體技術和理念明顯不同之外，在總體上具有以下幾個主要特點：

### (一)尊重對手，不講爭鬥

合氣道的理念認為：練習合氣道時，自我和他人的相互關聯性很強，某一個動作的完成來自於對方的存在，因此練習時與對手的相互尊重和配合非常重要，要尊重每一個與自己配合練習的對手。即使是比賽，也是建立在這種理念基礎之上。

為避免爭鬥之心，也為了避免勝者輕狂、敗者消沉的情況，合氣道不分體重級別，不分男女，一般不設任何比賽。主要是針對日常生活中可能遭受的襲擊進行防衛，並不考慮怎樣去比賽得分。在追求和掌握技術動作的練習中，注重身心的修養。

## (二)防守反擊，「制服」爲主

合氣道反對主動進攻他人，沒有主動進攻的技術。注重在防守的同時或防守後使用打擊、投摔、擒拿等各種技術進行反擊；並在使用時追求順應自然，借力打力，以柔克剛，以巧制勝。另外，即使是對懷有敵意的對手，也用愛心來對待，盡量感化他；在實戰的防衛中也要盡量做到制而不殺，盡量不去傷害對手。

可以說，合氣道是一種在防守中制服對手的武道，而不是主動攻擊他人的武道。

## (三)沒有套路，對練爲主

合氣道的所有技術都是以實際生活中碰到被人侵犯時的情景爲根據進行設計的。因此，沒有個人演練的套路，主要的練習方式是兩人互爲對手的配合練習。

47

## (四)平衡身心，注重修養

合氣道從創始之初就蘊含著很深厚的哲學理念。追求順應自然，和氣慈祥，推崇信義、清正和勇氣，「氣、心、體」合一。以不爭不鬥爲宗旨。不提倡主動攻擊他人，技法僅用於自衛。

這些內涵可以使練習者在友愛無爭的攻防練習中得到平衡心態的修養，在不爲勝負而戰的練習中體驗到攻防的樂趣，在相互融洽中體驗到修養的真意。有人將合氣道譽爲「智者的武術」和「運動之禪」。

## 二、日本合氣道的健身和修身作用

經常進行合氣道的對抗練習，可以獲得多方面的鍛鍊效果。

（一）在掌握合氣道對抗練習方法的同時，可以全面發展身體素質，增強內臟器官的機能，鍛鍊神經系統的靈活性，提高身體動作的速度、擊打力量、靈敏躲閃、對抗耐力等方面的身體能力。同時還可以使練習者提高自我保護的能力，有效減免在日常生活中的事故傷害。

（二）合氣道的理念和因勢利導的練習方式，可以使練習者在長期的練習過程中養成平和、寬厚、仁愛、自信、充滿勇氣、外柔內剛等內在素質。在直接與人的攻防對抗中學會與同伴在競爭中相處，提高現代社會生活的承受和適應能力，學會與人相處。同時，在對抗練習中可以摒棄軟弱和怯懦等不良心理，培養不畏強暴、敢於進取的堅強意志和精神，逐漸獲得現實生活中非常需要的一種積極向上的生活態度。

（三）生活在競爭激烈的現代社會，人們經常要承受很大的身心壓力。合氣道沒有爭鬥之心的對抗練習不僅是有興趣的身體運動，還可以在相互的對抗練習中娛樂身心和消除疲勞，釋放身心積蓄的壓力和鬱悶。

（四）練習合氣道時經常會出現倒地或翻滾的動作，還要主動和被動地使一些主要關節得到抻拉和運動。這些動作可以使平時意識不到的身體部位得到運動，調動平時

不主動參與運動的肌肉和內臟器官的潛能，提高用意識支配自己身體的能力，防止因現代化發展帶來的人體功能退化。

（五）學習合氣道，可以了解人體的要害部位。這樣既可明確擊打目標，還可避免日常生活中傷及別人和自己。

（六）加入合氣道的練習集體，在學習和練習過程中能廣交朋友，增加社會活動範圍，在集體氛圍裡使身體和心理更加健康。

# 三、合氣道健身練習的注意事項

## (一)要充分做好準備活動

練習合氣道時倒地的動作比較多，練習之前要進行充分的上肢、軀幹、下肢的柔韌性練習和倒地動作的練習。

## (二)保持平和的心態

練習合氣道時要保持平和的心態，要注意與對方的交流，不計較對手的動作錯誤和偶爾失手。

## (三)注意觀察動作要點

技術動作不正確和學習新技術動作時，沒有掌握動作要領或者方法不對，是練習合氣道時，出現身體損傷的主要原因。練習合氣道時，要注意觀察教師的示範要點和注

意聽教師講解的動作要點，以盡快掌握正確的技術動作和避免出現不必要的肌肉和韌帶損傷。

## (四)要持之以恆

合氣道的練習有自身的運動規律，只有經常和對手一起練習，才能具有持久興趣，激發樂觀的生活態度，收到特有的鍛鍊效果。

# 第二章

# 日本合氣道基本技術圖解

## 第一節　日本合氣道的準備活動

### 一、常用準備活動

常用準備活動是在練習合氣道之前，先要進行的熱身活動。主要是一些基本體操、柔韌性練習或其他體育項目的準備活動。練習時要遵循從上到下、從輕到重、從局部到全身等準備活動的基本原則。稍微熱身後，就可以進入專門準備活動。

### 二、專門準備活動

練習合氣道時經常會出現反關節動作和倒地動作，因此，合氣道設計了身體各關節的柔韌性練習、反關節的準備性練習以及保護性基本練習等專門性準備活動，內容十分豐富。柔韌性練習主要是上下肢和軀幹抻拉運動；反關節練習主要是加大腕關節和肘關節的活動幅度；保護性基

本練習主要是一些翻滾練習。其中具有合氣道特色的專門準備活動主要有：

## (一)內、外屈腕練習

合氣道中最常用的是內、外屈腕練習。

1.「內屈腕」是用一手的手掌抓住另一手的手背，向手心一側進行推壓的振壓手腕練習。練習時要略感疼痛為好。（圖 2-1）

2.「外屈腕」是用一手的手掌抓住另一手的手指，向手背一側進行推壓的振壓手腕練習。練習時要略感疼痛為度。（圖 2-2）

圖 2-1                          圖 2-2

## (二)反腕關節練習

合氣道中最常用的反腕關節練習主要有兩種：

### 1. 順時針轉腕

左臂屈肘、腕關節略屈，內旋前伸，拇指一側在下。然後右手拇指一側向上，用手掌抓握左手背、拇指扣住左手小指一側，一邊順時針繞轉，一邊向胸部屈壓，使左手腕略感疼痛為度（圖 2-3、圖 2-4）。反覆繞轉左手腕數次後，換轉右手。

### 2. 逆時針轉腕

左臂屈肘外旋前伸，小指一側在上，拇指一側在下。然後右手掌抓握左手背，用右手拇指擠壓左手小指一側，其餘四指扣住左手拇指。逆時針使左手外旋繞轉，使左手

圖 2-3　　　　　　　　圖 2-4

圖2-5　　　　　　　　　　圖2-6

54

腕略感疼痛為度（圖2-5、圖2-6）。反覆繞轉左手腕數次後，換轉右手。

## （三）肘關節練習

1. 左臂肘關節彎曲，前臂內轉，五指盡量轉向胸部，手心向下。然後右手拇指向內、手心向下抓住左手背向左側內轉振壓，使左手腕及前臂略感疼痛為度（圖2-7、圖2-8）。反覆繞轉左手腕數次後，換轉右手。

2. 左臂前臂外旋屈肘，手指向左；右臂經左肘關節下方屈肘，手心朝前，使右手指繞至左手小指一側並扣住左手手背，然後向下拉動左手手腕及肘關節，屈曲至略感疼痛為度（圖2-9、圖2-10）。反覆拉壓左手腕數次後，換轉右手。

圖 2-7

圖 2-8

圖 2-9

圖 2-10

## (四)肩關節練習

### 1. 拉肩練習

拉肩主要有橫向拉肩
（圖 2-11）、側向拉肩
（圖 2-12）、雙手背後上
下交叉拉肩（圖 2-13）等
練習。拉肩的作用是抻拉開
肩關節周圍的肌肉和韌帶，
練習時要將肩關節抻拉到略
感酸痛的程度。

### 2. 跪步前壓肩

跪步前壓肩是練習合氣

圖 2-11

圖 2-12

圖 2-13

圖 2-14

圖 2-15

道之前必做的準備動作。練習合氣道的過程中經常會出現倒地的動作，練習之前做這個動作可以防止倒地時、特別是向前倒著地時的肩部損傷。

　　跪步前壓肩主要有雙臂前壓（圖 2-14）和單臂前壓（圖 2-15）兩種。練習時要注意逐漸增加用力，以牽拉肩部略感酸痛為宜。單臂前壓要兩臂依次進行。

## (五)體前屈壓腿練習

　　體前屈壓腿主要是拉開大腿後側和內側的肌肉和韌帶，動作可以分為併腿、分腿、盤腿體前屈三種練習。

　　1.併腿體前屈就是兩腿併攏，上體伸直前屈，雙手在雙腳腳心處相抱下壓（圖2-16）。下壓腿的幅度要因人而異，循序漸進。注意不

圖 2-16

圖 2-17

圖 2-18

58

要屈膝、弓腰。

2. 分腿體前屈就是兩腿分開，上體伸直前屈（圖 2-17、圖 2-18）。分腿的幅度和前屈的深度要因人而異，循序漸進。注意不要屈膝、弓腰。

圖 2-19

3. 盤腿體前屈就是兩腿屈膝盤坐，兩腳掌相合；上體前傾，雙手向內合抱，兩腳向後抻拉（圖 2-19）。下壓的深度要因人而異，循序漸

進。兩腳要盡量內收靠近襠部。

以上 3 種體前屈壓腿可以使膝關節和髖關節在上下反覆震動中得到充分的活動，使兩腿和髖、膝關節適應練習的需要。

圖 2-20

## (六)踝關節柔韌練習

坐在地板上，右腿伸直，左腿彎曲放在右腿膝關節上方。然後用右手握住左腳前掌，左手輔助抓握左腳踝關節，按順、逆時針的方向依次轉動踝關節（圖 2-20）。轉動後還可以再用右拳敲打左腳腳心；其後再用雙手依次運轉、屈曲左腳的腳趾；最後雙手握住腳踝抖動腳掌，使踝關節、腳趾及腳心得到充分的活動。做完左腳後換做右腳。腳踝的轉動幅度要循序漸進。

## (七)跪立後倒

在地板上成跪立姿勢，上體直立。然後雙手置於腹前腰帶處，上體向後倒，隨即運用腹部力量使身體上起復原直立（圖 2-21）。如此反覆進行練習。跪立後倒的幅度要逐漸加大，直至後

圖 2-21

腦部完全觸及身後地面為度（圖2-22）。初學者的後倒幅度要量力而行。

## (八)屈膝後倒

在跪立後倒的基礎上，使全身放鬆，讓身體完全後倒，與小腿及

圖2-22

地面相疊（圖2-23），使腿部肌肉和膝關節得到充分的牽拉。

## (九)摔腿擊地

摔腿擊地是學習保護性動作之前的一個適應性練習。可以使軀幹、下肢和上肢體驗到身體觸及地面的正確動作和感受，適應倒地的需要。動作方法是（以向右方向摔擊為例）：上體後躺，雙手置於腹部，雙腿微併伸直上舉

圖2-23

圖 2-24

圖 2-25

（圖 2-24）。然後雙腿微屈向下拍擊地面，同時右手及右前臂由上向下伸展、與身體略成 45°角拍擊地面，頭部略起離開地面（圖 2-25）。

　　這個動作要注意身體觸及地面的順序，依次是：右腿外側、左腳腳底著地，右臀及身體背面右半部著地，右手前臂同時拍擊地面。手臂拍擊地面時要避免肘關節先著地，以免受傷。一側練習後，左右交換。

圖 2-26

圖 2-27

## (十)體側屈壓腿

坐在地板上，兩腿盡量分開，然後上體反覆側屈下壓（圖 2-26）。分腿的幅度和側屈的深度應因人而異。練習時上體要正直，兩膝要挺直。

## (十一)併腿後倒

坐在地板上，雙腿併攏伸直，然後上體後倒，雙腳經頭上向後用腳尖觸地（圖 2-27）。練習時腰部要放鬆。

# 第二節　日本合氣道的基本姿勢

## 一、合氣道的基本姿勢

合氣道的基本姿勢主要有自然站立式、左右站立式和正坐式三種。練習時均要求上體正直直立。

### (一)自然站立式

兩腳平行開立，與肩同寬，腳尖朝前；雙手置於體側略前處，兩眼向前平視（圖2-28）。主要運用於「運足」練習和身體的左右位移時。

圖 2-28

63

## (二)左、右站立式

兩腳前後開立；前腳腳尖朝前，後腳腳尖外展 60° 左右；兩腳之間前後距離為一腳長，左右橫向距離為 10 公分左右；兩手下垂置於兩側腹前；兩眼平視（圖 2-29）。左腳在前為左站立式；右腳在前為右站立式。左、右站立式主要用於移動和攻防時的準備姿勢。

圖 2-29

站立式的身體重心因勢而定，靜止時身體重心在兩腳中間；前移前身體重心要略偏後以便於前腳的啟動；移動後重心略微靠前，以便於後移時後腳的啟動，移動後身體重心要略偏後。

## (三)正坐式

由站立姿勢開始，一腿屈膝下跪，另一腿隨之下跪，兩腳拇趾相疊，兩膝微分；上體直立，雙手置於腹前腹股溝處；兩眼平視。（圖 2-30、圖 2-30 附圖）

正坐式主要用於練習開始前和結束後的禮儀、練習中的膝行、跪姿攻防的開始前和結束後。

圖 2-30 　　　　　圖 2-30 附圖

# 第三節　日本合氣道的基本步法

## 一、運足（步法）

　　運足是合氣道最基本的步法練習。是練習者在原地進行的步法移動練習，可以說是一種連續性的步法體操。

　　運足的主體做法是由自然站立式開始，以兩腳開立的位置為步法的原點（起始點和回歸點），然後運用進步、退步、側步進行前後左右以及四個斜方向的步法練習。

　　合氣道中運足的練習主要有三組。每組步法在口令上是 8 個節拍，三組步法需要三個 8 拍。下面介紹每組運足的步法。

## (一)第一組步法（圖2-31）

預備勢：成自然站立式。

1. 左腳前進，右腳跟進成左站立式；

2. 右腳後撤，左腳後退成自然站立式（復原位）。

3. 右腳後撤，左腳後退成左站立式；

4. 左腳前進，右腳跟進成自然站立式（復原位）。

5. 右腳前進，左腳跟進成右站立式；

6. 左腳後撤，右腳後退成自然站立式（復原位）。

7. 左腳後撤，右腳後退成右站立式；

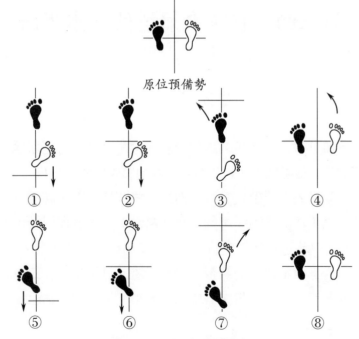

圖2-31　前後運足圖解

8.右腳前進，左腳跟進成自然站立式（復原位）。

以「原點」為中心進行的前進和後退的連續練習。在攻防上前進主要用於向前正面進攻，後退主要用於後撤防守。

## (二)第二組步法（圖 2-32）

預備勢：成自然站立式。

1.左腳向左開步，右腳隨之跟進成自然站立式；

2.右腳向右開步，左腳隨之跟進成自然站立式（復原位）。

3.右腳向右開步，左腳隨之跟進成自然站立式；

4.左腳左開，右腳左併成自然站立（復原位）。

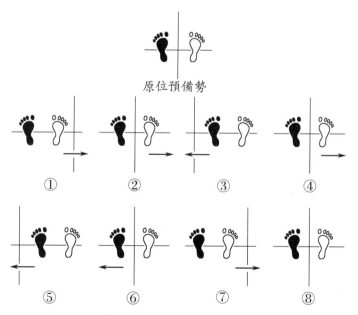

圖 2-32　左右運足圖解

5.右腳向右開步，左腳隨之跟進成自然站立式；

6.左腳左開，右腳左併成自然站立式（復原位）。

7.左腳向左開步，右腳隨之跟進成自然站立式；

8.右腳向右開步，左腳隨之跟進成自然站立式（復原位）。

第二組步法是以「原點」為中心進行的左右位置移動的連續練習。在攻防上主要用於避開對方的進攻，向左或右閃躲。

## (三)第三組步法（圖2-33）

預備勢：成自然站立式。

1.左腳向左斜前方（約45°）開步，右腳跟進成自然站立式，此時左腳尖和身體正面與原位成90°角；

2.右腳向右斜後方退步，左腳隨之後撤成自然站立式（復原位）。

3.右腳向右斜前方（約45°）開步，左腳跟進成自然站立式，此時左腳尖和身體正面與原位成90°角；

4.左腳向左斜後方退步，右腳隨之後撤成自然站立式（復原位）。

5.右腳向右斜後方退步，左腳隨之後撤成自然站立式；腳尖、身體面向與原位成90°角；

6.左腳向左斜前方進步，右腳隨之跟進成自然站立式（復原位）。

7.左腳向左斜後方退步，右腳隨之後撤成自然站立式；腳尖、身體面向與原位成90°角；

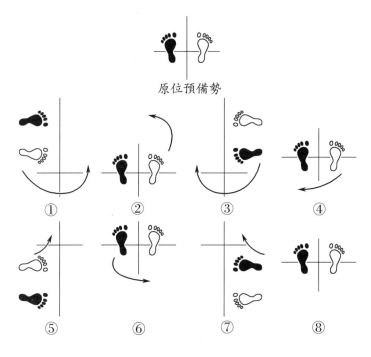

原位預備勢

① ② ③ ④

⑤ ⑥ ⑦ ⑧

圖 2-33 斜向運足圖解

69

8.右腳向右斜前方進步，左腳隨之跟進成自然站立式
（復原位）。前移成自然站立（復原位）。

第三組步法是以「原點」為中心進行的前後左右斜方
向的位置移動連續練習。在攻防上主要是在側身閃進或躲
閃的同時搶佔有利位置進行反攻。可以說它是一組集攻防
於一體的步法移動，在從防守轉為進攻時非常重要。

以上三組步法在移動時主要使用蹭步，即前腳掌不離
地、輕微觸及地面進行移動。不要做成跨步或跳步。移動
時要求身體要平穩、內心安定。剛開始練習的時候，可以

節奏慢一些，步幅小一些；其後隨著熟練度的增加，逐漸加快節奏、加大步幅。

## 二、閃身反擊步

### (一)快速閃身步

在運足練習的基礎上，就可以轉為反覆單動步法的快速練習。快速閃身步的方向基本與運足方向相同，即身體的左、右、後三個正方位和左斜前、右斜前、左斜後、右斜後四個斜方向。快速閃身步的主要作用是躲閃對方的攻擊，防守意義較重。

每個方向的快速閃身步都是從自然站立姿勢開始，然後突然快速啟動，先向某個方向上一步，隨即迅速撤回；然後再向另一個方向快速上一步，再迅速撤回；如此反覆進行練習。

如，向左斜前和右斜前的快速閃身步。斜方向的快速閃身步的練習意義主要是在對方的直線攻擊（直刺或直劈）時向斜前方閃身，靠近對手，伺機反擊。練習快速閃身步時可以單人練習，也可以兩人對練，主要目的就是提高防守方的快速反應和躲閃能力。防守方在練習時，先可以只練步法和身法的躲閃，熟練後再配合使用手刀進攻或腿法進攻進行配合防守。如無手刀閃身（圖2-34、圖2-35）和有手刀閃身（圖2-36、圖2-37）。

圖 2-34

圖 2-35

圖 2-36

圖 2-37

## (二)閃身進擊步「<」或「>」形運行步法

在快速閃身步的基礎上，可以逐漸開始進行由躲閃轉為反擊的練習。合氣道稱為「閃身進擊」或「閃身反擊」，根據按照閃身和反擊時步法路線的形狀，合氣道稱為「<」形或「>」形步法練習。

以右側為例的練習方法是：面對白方❶的正面攻擊，黑方右腳向右斜前方邁步，左腳跟進即為閃身步法。隨即右腳向右斜前方邁步，左腳跟進即為進擊步法。在練習時可以單人進行，也可以兩人對練。如，快閃身進擊。（圖2-38、圖2-39、圖2-40）

---

❶ 為了方便讀者辨認和筆者的敘述，在對練時的圖片中一般採用黑白腰帶來加以區分。黑帶為黑方，白帶即為白方。下同——編者

圖 2-38

圖 2-39

圖 2-40

## (三)跪步膝行

由於日本獨特的榻榻米文化和日本人的生活習慣，用跪坐姿勢進行攻防也是日本武道的一個特色。合氣道中有很多設想如果自己在跪坐時受到攻擊的攻防技術。跪步膝行就是這種技術的基礎位移方法。具體練習方法是在「正坐」和行跪拜禮之後，運用兩膝交替前行（圖 2-41、圖 2-42、圖 2-43、圖 2-44）。完成一組練習後轉身向開始

圖2-41

圖 2-42

75

圖 2-43

圖 2-44

的方向相對，施行跪拜之禮。

鑒於文化的不同，如果沒有柔軟的榻榻米或墊子，初習者最好不要在硬質地面上進行跪步膝行的練習，以免膝關節受傷。

# 第四節　日本合氣道的倒地練習

倒地練習是合氣道的主要自我保護動作，在合氣道的技術中佔有極為重要的地位。合氣道的倒地練習主要有以下幾種。

## 一、倒地的準備練習

### (一)下蹲後倒地

下蹲後倒地主要是為了減少初學者對倒地的恐懼心理和增加倒地的成功率，是初學者學習倒地的輔助練習。

**運動方法：**

屈膝下蹲，兩臂向前平伸（圖 2-45），隨後身體後傾，先用臀部著地，隨之依次以腰部、背部著地，同時兩手前臂及手掌與身體略呈 45°角拍擊地面，兩腿伸膝向上，低頭，目視小腹肚臍處。（圖 2-46）

### (二)站立向後倒地

在充分掌握了下蹲後倒地的基礎上，就可以轉為由站

圖 2-45

圖 2-46

立式開始的站立後倒地，也就是最普通的後倒地練習。

**運動方法：**

站立式開始（圖 2-47），隨即身體下蹲（也可以一腿略微後撤）倒地（圖 2-48、圖 2-49、圖 2-50）。要注意

圖 2-47

圖 2-48

圖 2-49                    圖 2-50

倒地瞬間的滾動緩衝。

# 二、行進中倒地

對抗中所有的攻防技術幾乎都是在運動中進行的，倒地也是在運動中出現的。行進中倒地具有很強的實用性，行進中倒地主要有行進（前進或後退等不同方向）中的後倒地、側向倒地和前搶背倒地 3 種。

## (一)行進中後倒地

前進或後退中的向後倒地主要是為了減緩受攻擊時向後倒地的衝力，避免向後摔傷。運動中向後倒地的方法與站立後倒地大致相同，不同之處是在倒地的瞬間要盡量做出向後的彎腰動作，由將要失去平衡的姿勢開始後倒地。

圖 2-51

圖 2-52

圖 2-53

圖 2-54

（圖 2-51、圖 2-52、圖 2-53、圖 2-54）

## (二)行進中側向倒地

運動中的側向倒地主要是為了減緩受攻擊時側向倒地的衝力，避免側向摔傷。運動方法（以左側倒地為例）是移動中右腳向右斜前方邁步，左腳隨之擺動至右腳前側，隨即依次以左腳掌外側、左小腿外側、左大腿外側、臀部、腰背左側著地，臀部著地後要迅即以左前臂和左手掌拍擊地面；雙腿斜上伸，右手置於腹部，低頭，目視腹部。（圖 2-55、圖 2-56、圖 2-57、圖 2-58、圖 2-59）

## (三)行進中前搶背倒地

初學者學練行進中的前搶背倒地有比較大的難度。初學時可以先從跪地前搶背開始練習，掌握動作要領後再進行站立式和運動中的前搶背倒地練習。

圖 2-55

圖 2-56

圖 2-57

圖 2-58

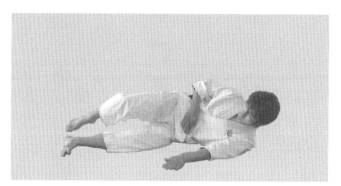

圖 2-59

## 1. 跪地前搶背

單腿屈膝下跪成跪步（以左手側為例），左腳在前，左臂略彎，依次以左手小指一側、左臂外側、左肩背部、斜向至右臀部、右腿外側、左腳腳底著地；臀部著地後迅即以右手前臂及右手掌拍擊地面，並隨著滾翻的慣性站立

（圖 2-60、圖 2-61、圖 2-62、圖 2-63、圖 2-64、圖 2-65、圖 2-66）。練習時要注意保持屈臂外撐的姿勢；低頭、團身，側身前滾。

### 2.站立式和運動中的前搶背倒地

在跪步前搶背倒地的基礎上，進行站立式和運動中的向前搶背倒地的練習，動作大致相同。練習時要注意倒地時手臂的順勢緩衝，低頭、用後背著地向前滾動。

圖 2-60

圖 2-61

圖 2-62

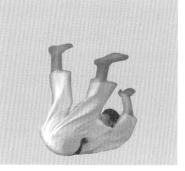

圖 2-63

圖 2-64

圖 2-65

圖 2-66

## 三、前倒地

合氣道技術中，在練習「押倒」等動作時，承受攻擊者會出現向前方倒地的動作。一般承受攻擊者從站立式開始倒地時，單手著地的時候較多；承受攻擊者在跪坐姿勢中的攻防中，雙手著地的時候較多。初學者一般從跪步姿勢開始學練前倒地為好。練習時雙肘要屈曲，用手掌及前臂著地，雙手略內扣成「八」字形。著地時注意保持頸部姿勢，不要低頭，以免下頜或顏面受傷。（圖 2-67、圖2-68、圖 2-69）

練習以上各種倒地技術時要由簡至難，循序漸進；倒地時要注意保護頭部，後倒地時不要向後仰頭，避免後腦部位撞擊地面。同時，也要注意倒地時手指要向前，使肘關節處於順關節狀態，避免肘關節受傷。

圖 2-67

圖 2-68

圖 2-69

# 第五節　日本合氣道距離感 的基本練習

　　與對手之間的距離在任何一個對抗技擊項目中都極為重要，距離太遠攻擊不到對手；距離太近又不利於自己發揮技術，同時近身的對手也對自己構成威脅。因此，合氣道非常重視對練習者的「空間距離感」培養。

　　日本武道把對手之間的空間距離稱為「間合」。最常見的日本武道對手之間的距離稱為「一刀一足」，即手持一把刀再加上一步的距離，也就是一上步就可以用刀尖碰到對方的距離。合氣道的空間距離也大致與此相近，不過由於合氣道的對抗方式主要是徒手相對，或一人徒手另一人持短刀，因此合氣道的對手之間距離比「一刀一足」稍近。

　　合氣道培養初學者空間距離感覺的基本方法是兩人相對自然站立，然後兩臂伸直，指尖相觸。日語將雙方都採用「右站立式」或「左站立式」的相對狀況稱為「相

構」；一方採用「左站立式」，而另一方採用「右站立式」的相對狀況稱為「逆構」。

　　合氣道培養初學者「空間距離感覺」的練習方式主要有以下幾種。

# 一、手刀和模具短刀

　　手刀是練習合氣道時的手型，模具短刀是練習合氣道時的用具。

## (一)手　刀

　　在一般練習中，手刀是最主要的攻防手型。手刀就是把手掌當成一把略向後彎曲的刀來使用。是把手掌展開，五指自然伸直並略微分開，拇指一側略向橈骨側彎曲，以手臂小指一側為刀刃。

## (二)模具短刀

　　用比較柔軟的塑料並外包以帆布，製成長約 25 公分的模具短刀（圖 2－70）。是合氣道徒手對武器的攻防練習中的假設武器。

圖 2-70

## 二、手刀的位置

在兩人的對抗中，手刀的位置可分上、中、下三個高度。

### 1. 上段手刀

手臂上舉至頭上正中，手刀的「刀刃」（即小指一側）正對對方（圖2-71）。主要用於由上向下劈的動作。

### 2. 中段手刀

手腕關節與肩同高或略高，肘關節略微彎曲，立掌於身體正中線，小指一側正對對方（圖2-72、圖2-73）。主要用於向前推或向下砍打。

圖 2-71

圖 2-72

圖 2-73

圖 2-74

### 3. 下段手刀

手刀下垂至腹前正中，拇指向前，其餘四指向前下方（圖2-74）。主要用於向前穿插或向前上推托。

## 三、合手刀進退步

合手刀進退就是兩人的距離練習，它不僅可以培養空間距離感，同時還可以練習站立姿勢、步法移動、眼神、手刀的集中用力等諸方面能力，是合氣道中二人對練的空間感覺基礎和動作基礎，非常重要。

練習合手刀進退步時，雙方使用的是中段手刀動作。練習方法是兩人相構（均同側腳在前）站立，成中段手刀。用兩人的手刀小指側掌根在人體正中線處輕微相合

（不能用力相頂，移動中也是如此）。然後以其中一方為主動方，運用進步、退步等步法向前後或斜前、斜後等方向移動；另一方為被動方，隨主動方的動作而動。（圖2-75）

練習時雙方要注意：

（一）在移動中要始終注意保持兩人之間的距離。

（二）保持身體姿勢和手刀的正確手型。

（三）手刀位置始終要位於二人的身體正中線上。

（四）兩手刀輕微相合不用力相頂；目視前方，呼吸自然。

練習一定時間後，雙方交換主被動關係，即主動一方變為被動方，被動方轉為主動方。然後，交換左右腳和左右手進行練習。使兩側的上下肢都能適應這種身體位置的

圖 2-75

關係和移動。

## 四、合小手

　　合小手就是兩人的推掌對抗練習。合小手的練習方法是兩人逆構（均異側腳在前）成拗弓步站立，然後同時伸出同側手，用手掌根相抵（圖2-76）。雙方同時逐步加力至最大，推動對方後退，如自己想向前跟進就繼續用力推進。

　　合小手既是一個靜力性保持距離的發力練習，也是一個在移動中保持距離和用力的練習。用力時身體注意要略向下沉，運用腰腿的力量向前推動對方。同時要保持雙方的手掌處於身體正中線上；用力時要注意呼氣。

圖 2-76

## 五、閃身練習

閃身練習主要是由向左、右、左前、右前、左後、右後和後方共 7 個方向的移動躲閃，讓初學者感受到在對方攻擊時，自己閃身移動時的距離感。在完成閃身的同時，還要求身體處在便於反擊對方的位置上。

正後方的閃身不易達到反擊的位置要求，另外也顯得比較消極，因此，往往在練習中只練習其他 6 種閃身。

練習時，進攻一方可以用手刀進行刺擊動作，也可以手持模具短刀做出刺擊對方胸腹部的動作；防守一方在對方的手刀或模具短刀接近身體的一瞬間，做出上述 6 個方向的任意躲閃。

在進行閃身練習的時候，防守一方可以分兩步進行。第一，不用手刀，只用步法和身法進行躲閃。這屬於純粹的防守練習。第二，使用手刀在躲閃對方攻擊的同時砍擊或推擋對方的手臂，使對方的攻擊失去效用。這是一種由防守轉為反擊的練習。在擊打對方手臂使其攻擊失效的同時，要創造一種反擊的位置關係，使對方漏出空檔，讓自己有反擊的空間距離和便於發力的身體姿勢。

# 第六節　日本合氣道的手足配合練習

手足配合練習是合氣道技術中的手法與步法結合的單勢技法，其中包括側重防守、側重進攻和由防守轉為反攻

的各種練習。在掌握了上述基本內容之後，就可以進行合氣道的手足配合練習。手足配合練習主要分為以下兩種，其一是原地的練習，主要側重於基礎手法和步法的練習；其二是進步發力的練習，注重實際運用。

# 一、原地練習

## (一)劈　刺

劈刺就是把自己的手掌及前臂當做一把刀來使用，用手刀進行正面劈和正面刺的練習。

練習方法是由自然站立式開始。左腳前邁，同時左手刀上舉（圖 2–77）。右腳跟進，左手刀下劈至胸部高度

圖 2–77

圖 2–78

圖 2-79

圖 2-80

（圖 2-78）。隨即右腳後退，左腳、左手回撤，左手刀撤至腹前，刀尖正對前方（圖 2-79）。左腳前邁，右腳跟進，左手刀前刺至胸部高度（圖 2-80）。然後右腳後退，左腳左手後撤，左手刀撤至體側成自然站立式。左側手刀練習結束後轉為右手刀的練習。

如果運用口令，這組左右手刀的劈刺動作需要一個 8拍，可練習兩個 8 拍。

## （二）斜 劈

斜劈在日本劍術中稱為「袈裟切」，其含意為順著像僧衣袈裟衣領的斜線砍擊敵方的頸部。

練習方法是由自然站立式開始。左腳前邁，左手刀右斜上舉（圖 2-81）。右腳跟進，左手刀左斜下劈擊至頸部

圖 2-81

圖 2-82

高度（圖 2-82）。右腳後退，左腳隨之後撤，左手刀後撤
舉至頭部左斜上方（圖 2-83）。隨即左腳前邁，右腳跟

圖 2-83

圖 2-84

進，左手刀右斜下劈擊至頸部高度（圖 2-84）。然後右腳後退，左腳隨之後撤，左手刀撤至體側成自然站立式。左側斜劈動作結束後轉為右側斜劈動作。

如果運用口令，這組左右手刀的斜劈動作需要一個 8 拍，可練習兩個 8 拍。

## (三)斜 刺

斜刺是運用手刀的「刀尖（指尖）」，由兩側向對方頭部或肋下刺擊。

練習方法是由自然站立式開始。左腳前邁，右腳跟進，左手刀由左外側向右側刺擊，高度略與肩平（圖 2-85、圖 2-86）。隨即右腳後退，左腳隨之後撤，左手刀後撤至腹前（圖 2-87）。左腳前邁，右腳跟進，左手刀經腹

圖 2-85

圖 2-86

圖 2-87　　　　　　　　　圖 2-88

前向右再向左前側刺，高度略與肩平（圖 2-88）。然後右腳後退，左腳、左手刀隨之後撤成自然站立式。左側斜刺動作結束後轉為右側斜刺動作。

　　如果運用口令，這組左右手刀的斜劈動作需要一個 8 拍，可練習兩個 8 拍。

### (四)托　帶

　　托帶是運用擰腰轉身和旋轉手臂的組合動作化解對方攻擊。在破壞對方身體平衡的練習中，這組動作經常運用。

　　練習方法是由自然站立式開始。左腳前邁，右手刀外旋向前上托起（圖 2-89）。隨即以兩腳前腳掌為軸，身體向後擰腰轉身，右手刀內旋向下、向後捋帶（圖 2-90、圖 2-91）。隨即再以兩腳前腳掌為軸，身體向後擰腰轉身，

圖 2-89

圖 2-90

圖 2-91

圖 2-92

右手刀再外旋向下、向前上托起（圖 2-92、圖 2-93）；然

圖 2-93

後收勢還原成自然站立式。右側托帶動作結束後轉為左側托帶動作。

如果運用口令，這組左右手刀的斜劈動作需要一個 8 拍，可練習兩個 8 拍。

## (五)轉身劈

轉身劈主要是在步法移動和身體擰轉的同時，化解對方的攻擊並隨即用手刀反劈對方。

練習方法是由自然站立式開始。右腳前邁，左手刀上舉，迅即轉身，左腳後撤落於右腳內側成自然站立式，左手刀由上向下劈擊（圖 2-94、圖 2-95、圖 2-96）。

隨即左腳前邁，右手刀上舉，迅即轉身，右腳後撤落於左腳內側成自然站立式，右手刀由上向下劈擊（圖 2-97、

圖 2-94

圖 2-95

圖 2-96

圖 2-97

圖 2-98 　　　　　　　　圖 2-99

圖 2-98、圖 2-99）。然後右腳向左斜後方後撤，左腳隨之後退，左手刀下擺至腹前，左腳隨即向左斜前方前邁，右腳跟進成自然站立式，左手刀上舉後向下劈擊（圖 2-100、圖 2-101、圖 2-102）。左腳向右斜後方後撤，右腳隨之後退，右手刀下擺至腹前，右腳隨即向右斜前方前邁，左腳跟進成

圖 2-100

圖 2-101　　　　　　　　　　圖 2-102

自然站立式，右手刀上舉後向下劈擊（圖 2-103、圖 2-104）。轉身要靈活，劈擊要有力。

圖 2-103　　　　　　　　　　圖 2-104

## 二、進步發力練習

原地手足配合練習主要是側重手法、身法和步法的協調性配合。進步發力練習主要是掌握實際運用技術時的用力方法。練習的方法主要有進步推發力和進步劈發力等。

### (一)進步推發力

由自然站立式開始。左臂略微前擺，隨即右腳向前邁一大步，左腳跟進成自然站立式；同時，右手刀借助身體前移的力量向前推擊至肩部高度（圖 2-105、圖 2-106）。左右交換重複進行。

圖 2-105

圖 2-106

## (二)進步劈發力

由自然站立式開始。身體向右擰轉，左手刀經腹前向右、向上舉，同時左腳前邁，右腳跟進成自然站立式；左手刀由上向下劈擊（圖 2-107、圖 2-108、圖 2-109）。左右交換重複進行。

兩種進步發力的練習，均要求動作快速敏捷、剛勁有力。

圖 2-107

圖 2-108

圖 2-109

# 第七節　日本合氣道的基本手法

合氣道中的手法主要有兩類，第一類是使用推、打、抓拉等擊打技術方法，合氣道稱之為「當身技」；第二類是使用抓擰對手肢體而造成反關節的技術方法，合氣道稱之為「關節技」。

下面介紹合氣道中這兩類技術中的基本方法。

## 一、當身技

在日本古代，當身技是傳統柔道中徒手攻擊的重要內容；在日本現代，當身技是空手道主要研究和運用最多的擊打攻擊技術。

當身技被合氣道認為是「擊中對方身體某一部位從而制勝的技術」。植芝盛平在改編合氣道時注重「和為貴」的思想；突出合氣道技術的安全因素；強調合氣道不以傷害對方為目的，而是由攻防技術的成立、制服對方來進行修練。

相對空手道的「剛性」擊打，合氣道的當身技主要以「柔性」的推擊使對方失去身體平衡為技術目的。在攻擊特色上，帶有突出的「柔化用勁」的巧妙色彩。

下面介紹的五種合氣道當身技，既是當今合氣道當身技中的重要技術，也是在古今柔道中以「古式之形」或「五形」而受到武道家的重視。

## (一)正面當

### 動作過程

甲方用左手抓住乙方攻擊的右手腕，隨即右腳前插、左腳跟進，跨入乙方的兩腿之間；同時，右掌前伸，用掌根推按乙方的下頜，借助身體向前移動的力量將乙方推出或推倒。（圖2-110）

### 動作要點

1. 甲方推按乙方下頜的右手臂要自然伸直，如果彎肘易造成只用手臂的力量。

2. 要注意借助腰腿力量整體前推，推的過程中上體不要向左順肩擰轉，避免上體和下肢的力量脫節。

圖2-110

## (二)相構當

### 動作過程

甲方用左手抓住乙方攻擊的右手腕，隨即右腳從乙方的右腿外側前插，左腳隨之跟進；同時，右掌前伸，用掌根推按乙方的下頜，借助身體向前移動的力量將乙方推出或推倒。（圖2–111）

圖2–111

### 動作要點

1. 甲方推按乙方下頜的右手臂要自然伸直。

2. 右腳前插要準確，要注意借助腰腿力量整體前推。

## (三)逆構當

### 動作過程

甲方用右手抓住乙方攻擊的右手腕，隨即左腳前跨至乙方的右後側，左腳跟進；在身體前移的同時，用左前臂外側經乙方的右臂上砍壓其右頸部（圖2–112、圖2–112附圖）。

### 動作要點

1. 甲方的左腳前跨動作要直接、迅速，要注意借助腰腿力量整體前推。

2. 甲方的左手臂要自然伸直，手掌要保持手刀的形

圖 2-112

圖 2-112 附圖

狀，自然上翹。

## (四)下段當

### 動作過程

甲方用右手抓住乙方攻擊的右手腕向上撐起，隨即蹲身用左腳前跨至乙方的右後側，左腳跟進；在身體前移的同時，用左前臂外側經乙方的右臂下方推擠乙方的下腹部。（圖 2-113）

圖 2-113

### 動作要點

1. 甲方的蹲身前跨動作要迅速，要注意借助腰腿力量

整體前推。

2.左前臂的推擠要順勢有力。

### (五)後　當

#### 動作過程

在乙方攻擊的同時，甲方從乙方的身體側面搶進其後，用雙手掌根部勾按乙方的雙肩，隨即沉腰坐臀或向後撤步，運用身體向後移動的力量，向後下方拉按乙方，使之失去平衡。（圖2-114）

圖2-114

#### 動作要點

甲方的側面搶進動作要迅速；後拉要用整體的力量。

以上當身技可依次逐動學習和練習。初學時可以先學一種技法的一側身體動作，掌握後再學練另一側的身體動作。五個當身技學會之後，可以一方連續使用五種當身技，然後雙方交換攻防位置進行練習。初學者以先掌握較為順手一側技術練習為好，為下一步的學習奠定基礎。

## 二、關節技

關節技就是抓拿對方上肢關節，使之處於反關節並被控制的技術。關節技也是柔道中的重要技術。

## (一)抓拿對方肘關節技術

### 1. 腕❷捻系列

腕捻系列就是抓拿控制對方手臂的各種關節技。主要有：

（1）押 倒

「押」字在日語中是推、按的意思，「押倒」就是運用壓肘控制對方。

甲方用右手抓拿乙方右手腕，擰轉使其手臂內旋❸（即捻轉手臂），同

圖 2-115

時用左手按壓乙方的右肘關節外側，使乙方的上體前俯不能起立。（圖 2-115）

（2）引 倒

「引」字在日語中是拉、帶的意思，引倒就是運用抓拉對方手臂來拉倒並控制對方。

甲方用左手抓拿乙方右手腕，擰轉使其手臂內旋（即捻轉手臂），同時用右手按壓乙方的右肘關節，並向自己的體

109

---

❷ 腕：日語中的腕即臂之意，與國語中的腕關節不同。

❸ 內旋：右手拇指一側逆時針方向或右手小指一側逆時針方向旋轉即為內旋，順時針方向則為外旋；左手內旋上述部位則為順時針，外旋為逆時針方向。

圖 2–116

前拉按，使乙方倒地，上體前俯不能起立。（圖 2–116）

（3）腕 捻

腕捻就是利用擰轉對方手臂來控制對方。

甲方用左手將乙方右臂內旋擰轉至身後，同時右手從乙方右上臂與自己左臂之間由下向上穿入，然後向前下方壓腕，使乙方上體前俯不能起立。（圖 2–117、圖 2–117 附圖）

練習時甲方的用力要適度，以避免乙方肘關節受傷。如乙方感到疼痛，可拍自己的大腿或地面向甲方示意。

### 2. 腕 返

腕返就是盡量使對方的肘關節向後反折屈曲而被控制。

甲方用右手拿住乙方手腕並使其肘關節向後屈曲，同時用左手從乙方的右上臂與自己的左前臂之間穿出並向前下

圖 2-117

圖 2-117 附圖

圖 2-118

圖 2-118 附圖

切腕，使乙方屈肘轉肩後仰。（圖 2-118、圖 2-118 附圖）

甲方要使乙方的手臂盡量向其後腦部靠近，如果過於向右側反轉，容易造成乙方手臂受傷。

### 3.腕挫（肋固、挫臂）

腕挫就是用雙手和軀幹配合造成乙方的右肘反關節。

甲方用左手擰轉乙方的右手臂，使之靠近自己的右肩上方，同時右手前臂從外側向自己肋部夾鎖乙方的前臂，使乙方的右肘反關節而上體前俯不能起立。（圖2-119、圖2-119附圖）

練習時甲方的用力要適度，不要用右肘關節打壓乙方的肘關節，以避免乙方肘關節受傷。

如乙方感到疼痛，可拍自己的大腿或地面向甲方示意。

以上捻臂系列的圖文皆以身體一側的技術為主，在充分掌握一側技術的基礎上，再進行另一側的技法練習，以

圖2-119

圖2-119附圖

達到左右平衡。初學者可以先掌握較為順手一側的技術動作，這樣練習容易記憶所練的動作。

## (二)反腕關節技術

### 1. 小手❹返（向上反擰對方手腕）

小手返是向上和向外反擰對方手腕的技術。如，甲方用右手抓拿住乙方的右手腕關節（大拇指頂住乙方的右手中指掌骨，其餘四指從小指側抓拿乙方的手和腕關節），造成其小指側向上、向外側翻轉。同時要利用這一反關節動作造成乙方的身體後仰失去平衡。（圖2-120、圖2-120附圖）

根據自己和對方手腳的左右位置，小手返可以分為相構小手返、相構逆小手返、逆構小手返和逆構逆小手返4種。

### 2. 小手捻（向下反擰對方手腕）

小手捻是向下和向內擰轉對方手腕的技術。如，甲方用右手掌抓拿住乙方的右手背，並向內擰轉，造成其拇指

❹ 小手：日本武道中的小手即手腕部位之意。

圖 2-120

圖 2-120 附圖

側向內側翻轉。同時要利
用這一反關節動作造成乙
方的身體前俯而失去平
衡。（圖2-121）

根據自己和對方手腳
的左右位置，小手捻可以
分為相構小手捻、相構逆
小手捻、逆構小手捻和逆
構逆小手捻4種。

圖 2-121

# 第八節　日本合氣道破壞對方身體
# 平衡的基本練習

在日本合氣道中稱破壞對方的身體平衡為「崩」，主
要運用抓持、帶化、擰轉等動作使對方的身體失去平衡，
並隨之反攻對方。因此，「破壞對方的身體平衡」是日本
合氣道轉守為攻的一種重要過渡手段。在使對方失去平衡
的同時，達到後發先至的攻擊效果。

使用崩時講究巧妙地運用自己身體動作的細微變化，
利用對方身體的反作用力達到最為有效的反擊效果。合氣
道崩的最佳方式不以體重和蠻力的大小論勝負。類似我國
拳法中「以弱勝強」「以柔克剛」「借力打力」等克敵制
勝的思想。日本武道中的柔道和合氣道中，也非常推崇這
樣的指導性思想。

合氣道的崩主要分為上段崩、中段崩、下段崩和轉身

崩四種，其中根據上、中、下三段「崩」中的對方所出手腳左右的不同，分別分為相構和逆構兩種。

因此，破壞對方的身體平衡主要有 7 種基本方法。

只是破壞對方的身體平衡為崩的第一步（崩的外表）；破壞對方的身體平衡後再立即使用推、反關節和摔等其他反擊技術，為崩的第二步（崩的內涵）。本書是以初學者為主要對象，所以在下面介紹崩的第一步；在下一節再完整介紹體現崩第二步的十七組合動作。

下面我們介紹的內容為崩的第一步。希望練習者能由這些崩法去體會柔化的用力原則。這 7 組崩法，都是以被對方抓住手腕一瞬間所採取的應對方法。下面逐一進行介紹。

## 一、相構上段崩

甲方右腳右手在前站立；乙方右腳上步，用右手抓住甲方的右腕；甲方被抓時的右手拇指一側朝上，在手腕被抓住的一瞬間，身體重心順勢後移（圖 2-122、圖 2-123）。此時甲乙雙方皆以右腳

圖 2-122

圖 2-123

圖 2-124

圖 2-125

右手相對，形成相構位置。甲方身體繼續下沉，同時右手上舉外旋，使小指一側掌緣緊貼乙方手腕內側，將乙方手臂拿起（圖 2-124）。上動不停，甲方身體略左轉，同時兩腳往右後成弧形撤步；右手一邊外旋、一邊上挑舉。（圖 2-125）

乙方被甲方控制失去平衡後可以上右腳，左腳跟進；甲方可以運用外旋、上挑、轉腰和後移的力量，使乙方身體隨著受制向上領起而不能用力往右後成弧形撤步。甲方還可以用力向乙方的右前下方撑按，使乙方失去平衡跌倒。

## 二、逆構上段崩

甲方右腳右手在前站立；乙方左腳上步，用左手抓住

甲方的右腕成逆構狀態；甲方被抓時的右手拇指一側朝上，在手腕被抓住的一瞬間，身體重心略向下沉，同時右手內旋，小指一側掌緣緊貼對方手腕內側（圖 2-126、圖 2-127）。隨即甲方右手一邊內旋，一邊上挑，同時兩腳向左後方成弧形撤步（圖 2-128），使乙方身體隨著手腕的受制而向上領起不便用力。

甲方還可以在乙方失去平衡後上右腳，左腳隨之跟進，用右掌繼續往乙方左前下方切按，使其失去平衡跌倒。

圖 2-126

圖 2-127

圖 2-128

## 三、相構中段崩

　　甲方右腳右手在前站立；乙方右腳上步，用右手抓住甲方的右腕；在乙方抓住甲方手腕前的一瞬間，甲方右手內旋，使小指一側朝上（圖 2–129、圖 2–130）。甲方右腳向乙方右側上步，同時右手外旋前插（圖 2–131）。隨即甲方左腳再上一步，身體往右後轉體，右手隨即內旋上挑，並向後切壓乙方手腕，使乙方身體失去平衡。（圖 2–132、圖 2–133、圖 2–134）

　　甲方在乙方身體向上受制失去平衡後可以繼續上右腳，左腳隨之跟進；右掌繼續往右前下方切按，使乙方失去平衡跌倒。

圖 2–129

圖 2-130

圖 2-131

圖 2-132

圖 2-133

圖 2-134

## 四、逆構中段崩

甲方右手右腳在前；乙方出左腳，左手抓向甲方手腕成逆構狀態；在乙方抓住手腕前的一瞬間，甲方右手外旋使手心轉向朝上（圖 2–135、圖 2–136）。

甲方右腳向乙方左側上步，左腳隨即再上一步，身體隨之向左擰轉，右手向前之後再向上挑，然後再向後下切按乙方的手腕，使乙方失去平衡後跌倒。（圖 2–137、圖 2–138、圖 2–139）

圖 2–135

圖 2-136

圖 2-137

圖 2-138

圖 2-139

## 五、相構下段崩

甲方右腳右手在前站立；乙方右腳上步，用右手抓住甲方的右腕；在乙方抓住甲方手腕前的一瞬間，甲方右手外旋使手心朝上。甲方左腳向乙方右側上步，身體隨即略下沉和向右擰轉；右手內旋向下領帶乙方手臂至右膝旁（圖2-140、圖2-141）。

隨即甲方左腳後撤，右腳隨之後退；右臂繼續內旋，引帶對方手臂向上、向後，使乙方腳步前移而身體後仰失去平衡跌倒。（圖2-142、圖2-143、圖2-144）

圖2-140

圖 2-141

圖 2-142

圖 2-143

圖 2-144

## 六、逆構下段崩

甲方右手右腳在前；乙方出左腳，左手抓向甲方手腕；在乙方抓住甲方手腕前的一瞬間，甲方右手內旋使手心朝下。甲方右腳向乙方左側上步，身體隨即略下沉並向左擰轉，同時將右手外旋向下領帶乙方手臂至左膝旁（圖2-145、圖2-146）。

隨即甲方右臂繼續外旋，引帶乙方手臂向上、向後；左腳後撤，右腳亦隨之後退，使乙方腳步前移而身體後仰失去平衡跌倒。（圖2-147、圖2-148、圖2-149）

圖 2-145

圖 2-146

圖 2-147

圖 2-148

圖 2-149

## 七、轉身崩

甲方自然站立，兩手略微分開垂於身體兩側（圖2-150）。乙方從側面侵入甲方身後，依次抓拿住甲方的左右兩個腕關節（圖2-151、圖2-152）。甲方隨即右腳尖外轉、左腳向右側上步；身體亦隨之右轉，左手緊扣乙方手腕於髖關節處，右手成手刀上挑至頭部前上方（圖2-153）。甲方繼續向右後方轉體，右手刀繼續向上、向後下方下劈；乙方被迫左手鬆開，身體向右擰轉360°以求維持身體平衡（圖2-154、圖2-155）。甲方右手刀繼續向前下方劈擊，使乙方身體向前下方失去平衡跌倒。（圖2-156）

圖 2-150

圖 2-151

圖 2-152

圖 2-153

圖 2-154

圖 2-155

圖 2-156

# 第九節 日本合氣道基本組合十七動

以下的合氣道基本組合十七動是合氣道的基本內容，適合初學者學練。

日本合氣道的練習者是以「一刀一足」這樣的距離為起點的。但我國的練習條件有限（比如榻榻米或墊子的欠缺以及練習者安全等因素），我們建議我國的初學者在初練時最好使用「合手刀」的距離。進攻的一方也先不使用模具短刀，雙方都徒手進行。隨著對攻防技術動作和倒地保護動作的熟練程度提高，再過渡到「一刀一足」的距離；進攻方再使用模具短刀練習。

基於上述因素，在下面的圖文敘述中，我們只在第一個組合動作中展示「一刀一足」和「合手刀」的兩種距離，介紹兩種攻防方法。其他的起始距離選擇，由教習者在傳授、練習過程中根據實際情況自由判斷和選擇。

## 第一動 正面當（正面推擊）

### (一)「一刀一足」距離的練習

二人間距 2～3 公尺的距離，相互行站位禮後還原。

甲乙雙方均採用下構方式，逐漸接近至「一刀一足」距離對峙，並尋找時機進行攻防（圖 2-157）。乙方右手持模具短刀，右腳前跨一步，用短刀刺擊甲方的胸腹位

圖 2-157

置；甲方右腳向右斜前方閃身上步，同時右手上舉，準備截擊乙方短刀的進攻（圖 2-158）。甲方左腳跟進，右手刀下落，砍擊乙方右手前臂，使乙方的進攻偏離方向（圖 2-159）。甲方右腳隨即再向乙方兩腿間上步，左手抓拿乙方右手臂下拉；同時用右手掌根推住乙方的下頜（圖 2-160）。甲方左腳跟進，運用身體位置移動的慣性力量向前繼續推擊乙方下頜，同時左手抓拿乙方的右手臂向下拉按，使乙方身體失去平衡向後倒地。（圖 2-161、圖 2-162）

甲方使用動作時要注意用腿腰發力，運用身體的整合力量推動對方失去平衡倒地；在推擊時右手臂應該在自己身體正面中心面上，不要送肩使手臂偏離。乙方倒地時要注意臀部著地和手臂正確拍擊地面，要低頭屈頸，避免枕部碰地受傷，注意保護動作的正確使用。

圖 2-158

圖 2-159

圖 2-160

圖 2-161

圖 2-162

## （二）「合手刀」距離的練習（初學者練習）

二人間距 2～3 公尺的距離，相互行站位禮後還原。

甲乙雙方從「合手刀」的位置開始，乙方不做前刺動作，首先由甲方的右手上舉、下劈截擊乙方的手臂開始，隨即進行抓乙方左手腕，同時推乙方下頜的練習。（圖 2-163～圖 2-168）

初學時期，可由一方反覆練習數次，然後雙方交換攻防關係。在右側攻防動作熟悉之後，再練習左側動作，具備左右兩側的攻防能力。也可只以右側為主。還可以在右側的 17 組合練習全部熟悉以後，再換另一側進行練習。以下各組練習的方式與此相同。

圖 2-163

圖 2-164

圖 2-165

圖 2-166

圖 2-167

圖 2-168

## 第二動　相構當（錯身推擊）

　　甲乙雙方從「合手刀」的位置開始（圖 2-169）。甲方左腳向左斜前方上一小步，右腳跟進（意為閃身躲開乙方右手的前刺攻擊）；同時甲方右手反腕抓拿乙方的右手腕，左手拿住乙方的右肘關節向上擰搣，使乙方的上體前傾而受到控制（圖 2-170）。乙方為了反抗甲方的擰搣，右肘下沉並直起上身進行防衛；甲方順勢左手下滑，將乙方的右手腕抓住，同時右腳向乙方的右腿外側上步，右手推向乙方的下頜（圖 2-171）。上動不停，借助身體前移的力量，前推乙方的頭部，使之後仰失去平衡而跌倒（圖 2-172、圖 2-173）。

圖 2-169

圖 1-170

圖 2-171

圖 2-172

圖 2-173

使用相構當時，甲方要注意借助乙方身體向後仰的抵抗力順勢推擊；推擊時要使用腿部及身體移動的力量。乙方要注意倒地時的保護動作，避免頭的枕部或肘部著地。

## 第三動　逆構當（錯身劈）

甲乙雙方從「合手刀」的位置開始（圖2–174）。甲方略向左側閃身（意為閃身躲開乙方右手的前刺攻擊），同時用右手反腕抓拿乙方的右手腕。隨即右腳略向前活步、右腳尖外展，向右擰腰，左手刀隨之舉至乙方的頭部右側（圖2–175、圖2–176）。甲方左腳隨即向乙方身體後側上步，同時左手刀下切乙方的左側胸頸處，運用身體移動的力量，向乙方身體的後下方切壓，使乙方身體失去平衡倒地。（圖2–177、圖2–178）

圖2–174

圖 2-175

圖 2-176

圖 2-177

圖 2-178

使用逆構當時，甲方要注意運用擰腰轉體的力量。乙方要注意倒地時的保護動作，避免頭的枕部或肘部著地。

## 第四動　下段當（推撥）

甲乙雙方從「合手刀」的位置開始（圖 2–179）。甲方略向左側閃身（意為閃身躲開乙方右手的前刺攻擊），同時用右手反腕抓拿乙方的右手腕；隨即右腳略向前活步、右腳尖外展，向右擰腰，左手刀隨之舉至乙方的頭部右側，準備向下切壓乙方（圖 2–180、圖 2–181）。

為了防止甲方的下切，乙方左臂向上迎擊；由於上面的空間被乙方防住，甲方轉為向下面空間的進攻。甲方右

圖 2–179

149

圖 2–180

圖 2–181

腳略再前移，向乙方靠近；同時身體下沉，右手上舉使乙
方的左右兩臂交叉失去作用，左手轉插至乙方的腹部前下
方（圖 2-182）。上動不停。甲方左腳隨即向乙方的後側
上步，身體略左轉，運用身體移動的力量，用左前臂外側
推撥乙方的腰腹部，使乙方失去平衡倒地。（圖 2-183、
圖 2-184）

使用下段當時，甲方要注意突然變換進攻空間，運用
撐腰轉體的力量。乙方要注意倒地時的保護動作，避免頭
的枕部或肘部著地。

圖 2-182

圖 2-183

圖 2-184

## 第五動　後當（向後拉按）

甲乙雙方從「合手刀」的位置開始（圖 2-185）。甲方身體略向右擰轉（意為閃身躲開乙方右手的前刺攻擊），同時用右手反腕抓拿乙方的右手腕，並用左手虎口卡住乙方的右肘關節。然後向右轉腰，左手直臂向右下推壓乙方的肘關節，使其後背朝向甲方（圖 2-186）。

甲方左腳隨即向乙方的身後上步，右腳跟進移至乙方背後；同時雙手分別搭上乙方的左右雙肩（圖 2-187）。然後右腳向後退步，左腳隨之後撤，同時運用身體後移的力量，雙手掌根向後下方拉按，使對方身體失去平衡跌倒。（圖 2-188、圖 2-189）

圖 2-185

圖 2-186

圖 2-187

圖 2-188

圖 2-189

使用後當時，甲方要先使對方轉體漏出後背空檔；運用身體向後移動的力量向後下方拉按。乙方要注意倒地時的保護動作，避免頭的枕部或肘部著地。

以上五動為推擊性動作，推擊的目標主要為對方下頜和肩頸部。

## 第六動　押倒（擰臂壓肘）

甲乙雙方從「合手刀」的位置開始（圖 2-190）。甲方略向左側閃身（意為閃身躲開乙方右手的前刺攻擊），同時用右手抓拿乙方的右手腕，隨之拿住乙方的右前臂，雙手同時向腹前拉動（圖 2-191）。乙方為了防止右臂受

圖 2-190

制，屈臂進行防衛；甲方借對方向後屈臂的機會，左腳向
乙方身前上步，右腳跟進；同時，左手上滑至乙方肘關節
處，雙手配合將乙方手臂向右耳側上推並使之屈臂，使乙
方身體失去平衡向左側傾斜（圖 2-192）。甲方左腳繼續
向前上步，右腳跟進；雙手從上向左側下方推壓乙方右手
臂，使乙方完全失去平衡倒地（圖 2-193）。乙方倒地
後，甲方上右腳，右手抓拿住乙方的手腕使之手心朝上，
並壓在右膝上，左手拿住乙方右肘關節繼續反關節向下按
壓至乙方左手拍地示意為止。（圖 2-194）

　　使用押倒時，甲方要借助身體移動的力量，抓住乙方
的手臂向其耳側推動，使其側向失去平衡；在乙方倒地
後，甲方的右手一定要擰轉乙方的手腕使之手心向上，並

圖 2-191

157

圖 2-192

圖 2-193

圖 2-194

緊緊地壓在大腿膝關節處，使乙方的右手不能隨意逃脫；加壓在乙方肘關節上的力量不要過猛，以免使其受傷。乙方在倒地時要注意抬頭，不要使面部觸及地面以免受傷，在感覺右臂完全受制於對方時，應當拍地示意以免右肘關節受傷。

## 第七動　腕返（反臂）

　　甲乙雙方從「合手刀」的位置開始（圖 2-195）。甲方略向左側閃身（意為閃身躲開乙方右手的前刺攻擊），同時用右手抓拿乙方的右手腕，隨之左手拿住乙方的右前臂，雙手同時向腹前拉動乙方手臂（圖 2-196）。乙方為了防止右臂受制，屈肘下沉進行防衛；甲方隨即右腳外轉

圖 2-195

圖 2-196

上步，身體向右擰轉，左手緊貼乙方手臂內側插入（圖 2-197、圖 2-197 附圖）。隨即甲方左腳向前上步至乙方右側，右腳跟進；同時，身體向左擰腰，左手向下、向後、

圖 2-197

圖 2-197 附圖

向上、向前纏繞，雙手推動乙方前臂翻轉，使其手腕至頭後而身體失去平衡（圖2-198）。甲方左腳再向前上步，右腳跟進；雙手直臂借助身體移動的力量繼續向前下方推動，在乙方身體完全受制失去平衡倒地時，甲方雙手即時鬆開對乙方手腕的鉗制，使其向後下方跌倒。（圖2-199、圖2-200）

甲方要特別注意左手的纏繞，雙手要將乙方的手腕推至其頭後。如果向乙方的右側偏離，則極易造成乙方肘關節受傷。在乙方倒地時，一定要注意及時鬆開雙手，使其能夠正常使用倒地保護動作而不至於受傷。乙方倒地時應注意對頭後部和肘部的保護。

圖 2-198

圖 2-199

圖 2-200

## 第八動　引倒（撙臂壓肘捋）

　　甲乙雙方從「合手刀」的位置開始（圖 2–201）。甲方略向左閃身並向右撙轉；同時，左手在下、右手在上交叉抓拿乙方的右手腕（圖 2–202）。甲方左腳後撤、右腳後退；同時，雙手抓住乙方的手腕向上、向右、再向後下方畫問號路線，使乙方身體向前傾斜（圖 2–203）。甲方繼續後退；同時，左手緊抓乙方手腕，右手上滑至乙方的肘關節處向下壓按，輔助左手，運用身體後移的力量拉動乙方向其前下方失去平衡倒地（圖 2–204、圖 2–205）。乙方倒地後，甲方左手上拉乙方手腕；同時，右手下壓其肘

圖 2–201

圖 2-202

圖 2-203

圖 2-204

圖 2-205

圖 2-206

關節，使乙方完全受制並拍地認輸。（圖 2-206）

　　使用引倒時，甲方要注意運用身體向後移動的力量，後退和右手捋按要同時進行；在向後下方捋拉乙方手臂時要注意運行路線；這種弧線運動可使乙方不能做出正確反應而輕易受制。練習時用力不要過猛，避免乙方受傷。乙方倒地時要注意抬頭，避免面部觸地受傷。

## 第九動　腕捻（捻臂轉肘）

　　甲乙雙方從「合手刀」的位置開始（圖 2-207）。甲方略向左閃身並向右擰轉；同時，左手在下、右手在上交叉抓拿乙方的右手腕（圖 2-208）。甲方右腳向前上步，

167

圖 2-207

圖 2-208

同時雙手向乙方的右外側擰轉其手臂（圖2–209）。左腳
繼續向前上步，左手抓拿乙方的手腕，右手壓其肘關節後
內側，使乙方屈臂彎肘向後，身體前俯不能起立（圖2–
210）。甲方身體右轉向後，左手緊貼乙方肘關節先向下、

圖 2–209

169

圖 2–210

再向上纏繞，雙手隨身體後轉向右後上方擰轉，使乙方左腳被動向前上步，身體繼續前傾失去平衡（圖 2-211、圖 2-211 附圖）。甲方隨身體的轉動，雙手向前下方推動乙方，使其失去平衡前滾翻倒地。（圖 2-212）

圖 2-211

圖 2-211 附圖

圖 2-212

　　使用腕捻時，甲方要注意右手的纏繞，隨身體的轉動而拿推乙方；甲方還要注意及時鬆手，使乙方能正常用前滾翻倒地緩衝。乙方要注意團身，正確使用前滾翻倒地自我保護。

## 第十動　肋固（擰臂夾壓肘）

　　甲乙雙方從「合手刀」的位置開始（圖 2-213）。甲方右腳向右斜前方上步，左腳跟進；右手推起乙方的右手向上，隨即左手從下方抓拿其手腕使之內旋、手心翻轉向上（圖 2-214）。甲方一邊擰轉乙方的手臂，一邊連續向右斜前方上步移動並逐漸向左轉體，同時左臂下落至乙方右肘關節內側（圖 2-215）。左手繼續擰轉乙方手臂內

圖 2-213

圖 2-214

圖 2-215

旋，同時右前臂向內夾壓，將乙方右臂控制在自己的胸肋
前方（圖 2-216）；乙方感到肘關節疼痛時，應及時拍擊
自己的大腿示意。

圖 2-216

使用肋固時，甲方要注意左手的擰轉，控制乙方的右臂肘關節時前臂的夾壓要緊，使乙方不能起立。另外要注意兩臂夾壓乙方手臂時，不要用左臂去打壓乙方肘關節，以避免受傷。

以上五動主要是針對肘關節的擰拿動作。

## 第十一動　小手捻（擰腕按壓）

甲乙雙方從「合手刀」的位置開始（圖 2–217）。甲方略向左側閃身，同時右手外旋摑住對方右手掌，左手拿住其右前臂，雙手略向下、向後、再向上擰帶（圖 2–218、圖 2–218 附圖）。甲方左腳向乙方身前左側方上步，

圖 2–217

圖 2-218

圖 2-218 附圖

心腳跟進;左手隨即上滑至乙方肘關節處,右手擰住乙方手掌,借助身體的移動,雙手使乙方右臂屈肘並朝其耳側方向推去(圖 2-219)。甲方繼續上左步,右腳跟進;同時,雙手由上向下壓按乙方手臂,使其向左側下方傾斜,繼而失去平衡(圖 2-220)。甲方左腳繼續向乙方左側上

圖 2-219

圖 2-220

步，右腳隨之跟進，直至乙方倒地。乙方倒地受制後，甲方右腳上步，左手鬆開，右手繼續擰住乙方手掌置於右膝

圖 2-221

圖 2-221 附圖

關節內側，並用腿部力量逐漸向內用力加壓（圖 2-221、圖 2-221 附圖）。乙方右手臂完全受制於甲方，感到疼痛時左手拍地示意。

使用小手捻時，甲方要注意用右手緊擰乙方的手掌不放；同時雙手要向乙方的耳側和左側下方壓按，使其倒

地。乙方倒地後，甲方右手繼續擰住對方的手掌，並輔以右膝關節壓住乙方手臂。乙方倒地時要注意抬頭，避免面部受傷，受制手臂疼痛時要及時拍地示意。

# 第十二動　小手返（握腕壓肘）

甲乙雙方從「合手刀」的位置開始（圖2-222）。甲方略向左側閃身，同時用右手外旋擓住乙方的右手掌，左手拿住其右前臂，雙手略向下、向後、再向上擰帶，使乙方的右臂屈肘（圖2-223）。乙方為了防止肘關節受到控制，沉肘伸臂反抗；甲方抓住這個機會，右腳迅即向右側後方退步，左手下滑至右手處相合；右手拇指壓住乙方右手手背小指一側，其餘四指扣住其手心一側；左手拇指壓住乙方右手手背拇指一側，其餘四指扣住其手心一側。雙手運用身體向右側移動的力量，同時向下按壓乙方右臂，使其身體前傾（圖2-224）。乙方為了防止身體前傾失衡，右臂回抽，並且身體立起。甲方趁勢以右腳為軸，左腳劃弧向右後方逆時針旋轉，身體向右擰轉；雙手運用身體擰轉的力量，扣住乙方手掌向上、向左、再向後下方擰轉，使乙方翻身倒地（圖2-225、圖2-226、圖2-227）。甲方隨即再以右腳上步踏入乙方右肩下方，雙手扣住對方手掌繼續沿逆時針方向向左、向上擰轉，使乙方感到手臂疼痛，拍地示意認輸。（圖2-228）

使用小手返時，甲方要借助乙方防守時的反作用力；擰身轉體，擰轉手腕要一氣呵成，使乙方轉體騰空倒地。

圖 2-222

圖 2-223

圖 2-224

圖 2-225

圖 2-226

圖 2-227

圖 2-228

練習時力量可以大一些，但要柔和，注意不要用力過猛，避免對方受傷。乙方要順應甲方的擰轉，不要過分抵抗，以免手臂受傷；同時要注意倒地緩衝。

# 第十三動　轉回小手捻（轉身擰腕）

轉回小手捻與前述小手捻基本近似，只是在小手捻前面增加了一個轉體（即轉回）動作。

甲乙雙方從「合手刀」的位置開始（圖 2-229）。甲方身體略向左側閃身，雙手交叉扣住乙方右手腕掌根處（圖 2-230）。左腳向前上步，雙手向前下推按乙方手臂（圖 2-231）。右腳向前上步，雙手向前上推起乙方手

圖 2-229

圖 2-230

圖 2-231

圖 2-232

臂，使其右臂與身體離開留下空檔（圖2-232）。

甲方雙手繼續上舉，身體從乙方手臂下轉體穿過，同時雙手緊扣乙方掌根處繼續逆時針擰轉（圖2-233）；如甲方正確完成這一擰轉，乙方應感覺手腕疼痛。此時乙方左手可拍腿示意。甲方見狀繼續上右腳，身體左轉，左腳後撤；同時，雙手扣住乙方手腕使用小手捻，以問號形弧線擰帶乙方前臂，再以右手壓住乙方肘關節向後繼續退步，使乙方身體向前失去平衡倒地受制（圖2-234、圖2-235、圖2-236）。

使用轉回小手捻時，甲方轉體時雙手一定要緊扣乙方手腕掌根處，才能形成有效的擰轉。退步向後擰壓乙方手臂時動作要連貫迅速。乙方倒地時要注意抬頭，避免面部觸地受傷。

圖 2-233

圖 2-234

圖 2-235

圖 2-236

## 第十四動　轉回小手返（轉身握腕）

甲乙雙方從「合手刀」的位置開始（圖 2-237）。甲方略向右側閃身，以避開乙方右手刺擊，並順勢雙手交叉抓拿對方手腕（圖 2-238、圖 2-238 附圖）。隨即左腳上步，右手擰住乙方手腕，左手虎口卡住其手腕處，運用身體向前移動的力量，直臂向前推動乙方的手臂，使其身體向左擰轉（圖 2-239）。甲方雙手上舉後轉體，雙手擰住乙方手腕繼續下壓，使其右前臂後屈至頭後而失去平衡（圖 2-240、圖 2-241）。然後甲方左腳再向前上步，右腳跟進；雙手借助身體前移的力量，直臂向前下方推動乙方身體，使之跌倒。（圖 2-242、圖 2-243）

使用轉回小手返時，甲方的雙手一定要擰轉乙方手腕

圖 2-237

圖 2-238

圖 –238 附圖

圖 2–239

至其頭後；若至其右肩側處，容易造成乙方手臂骨折或受傷。向前下方推動時，注意雙手要及時鬆開，使乙方能運用雙手輔助向後倒地，避免受傷。乙方主動倒地時要避免頭後部、肘部著地。

圖 2-240

圖 2-241

圖 2-242

圖 2-243

以上四動主要是針對腕關節的擒拿動作。

## 第十五動　前落（前摔）

　　甲乙雙方從「合手刀」的位置開始（圖 2–244）。甲方略向右側閃身，以避開乙方右手刺擊，並順勢雙手交叉抓拿對方手腕（圖 2–245、圖 2–246）。甲方右手擒住乙方手腕，左臂滑至乙方的右腋下和胸前，右手向下、左臂向上撅起乙方的右臂，使其身體略向上浮（圖 2–247）。乙方身體下沉進行防衛；甲方迅即上左腳，身體略前移，借助身體前移的力量，用左上臂和肩部向前下方擠靠，使乙方身體失去平衡，前滾翻跌倒地（圖 2–248、圖 2–249、圖 2–250）。

圖 2–244

圖 2-245

圖 2-246

圖 2-247

圖 2-248

圖 2-249

圖 2-250

使用前落時，甲方要借助身體前移的力量，用左上臂和肩部向前下方擠靠乙方。向前下方推動時，注意雙手要及時鬆開，使乙方能前滾翻緩衝，避免受傷。

## 第十六動　隅落（斜摔）

甲乙雙方從「合手刀」的位置開始（圖 2-251）。甲方稍向左側閃身，避開乙方右手的前刺之勢，身體略向右擰轉；同時，左右手交叉拿住乙方右手腕，隨轉體兩手直臂向右引領乙方右臂（圖 2-252、圖 2-253）。甲方隨即向左轉體，左腳向前上一大步，兩手直臂，抓拿住對方手腕，迅速向左外側、向前、再向右斜前下方呈順時針半圓形路線拉壓乙方右臂，借助身體前移的力量，使對方向其

圖 2-251

圖 2-252

圖 2-253

右後側方失去平衡（圖2-254、圖2-255）。在乙方失去平衡倒地時，甲方雙手略向後上方回拉，使其身體下部著地，避免枕部著地受傷。（圖2-256）

使用隅落時，甲方在乙方失去平衡摔倒時注意略往右上方回拉，避免乙方頭後部著地受傷。

圖2-254

圖 2–255

圖 2–256

## 第十七動 引落（捋摔）

甲乙雙方從「合手刀」的位置開始（圖2-257）。乙方右腳向前上步，左腳跟進；右手刀向前直刺。甲方順勢雙手從乙方右臂內側下方抓拿乙方前臂，左手拿住其腕關節部位，拇指朝下、虎口卡住尺骨一側，右手拿住其肘關節、拇指一側朝上（圖2-258、圖2-259）。甲方隨即左腳後撤，右腳後退，運用身體向後移動的力量，雙手一邊逆時針捋轉乙方手臂使其外旋，一邊屈臂後拉至左側腰際，牽拉乙方，使其失去平衡摔倒（圖2-260、圖2-261）。乙方倒地後，甲方迅即右腳上步，踏至乙方右肩下方，左腳跟進轉體；雙手繼續捋轉乙方右臂，右膝內側頂住乙方的

圖 2-257

圖 2-258

圖 2-259

圖 2-260

圖 2-261

圖 2-262

手臂內側，使乙方手臂完全受制（圖 2-262）。乙方感覺疼痛時左手拍地示意。

使用引落時，甲方要利用乙方前刺時身體前移的慣性力量，及時抓拿乙方手臂擰轉，同時運用自身後移的力量與對方前移的力量合二為一，向腰際捋帶乙方手臂而使其失衡倒地。乙方要注意倒地時的保護動作，避免手臂、頭後部受傷。

以上三動主要是順勢快摔動作。

# 主要參考書目

1. 植芝吉祥丸，合氣道開祖植芝盛平傳，講談社，1977

2. 植芝吉祥丸，合氣道入門，光文社，1980

3. 志志田文明，成山哲郎，合氣道教室，大修館，1985

4. 二木謙一，入江康平等，日本史小百科　武道，東京堂，1994

5. 田中守，藤堂良明等，武道を知る，不昧堂，2000

6. 入江康平，武道文化の探求，不昧堂，2003

# 導引養生功

1 疏筋壯骨功＋VCD
定價350元

2 導引保健功＋VCD
定價350元

3 頤身九段錦＋VCD
定價350元

4 九九還童功＋VCD
定價350元

5 舒心平血功＋VCD
定價350元

6 益氣養肺功＋VCD
定價350元

7 養生太極扇＋VCD
定價350元

8 養生太極棒＋VCD
定價350元

9 導引養生形體詩韻＋VCD
定價350元

10 四十九式經絡動功＋VCD
定價350元

張廣德養生著作　每冊定價350元

全系列為彩色圖解附教學光碟

# 輕鬆學武術

1 二十四式太極拳＋VCD
定價250元

2 四十二式太極拳＋VCD
定價250元

3 八式十六式太極拳＋VCD
定價250元

4 三十二式太極劍＋VCD
定價280元

5 四十二式太極劍＋VCD
定價250元

# 彩色圖解太極武術

1
太極功夫扇

定價220元

2
武當太極劍

定價220元

3
楊式太極劍

定價220元

4
楊式太極刀

定價220元

5
二十四式太極拳＋VCD

定價350元

6
三十二式太極劍＋VCD

定價350元

7
四十二式太極劍＋VCD

定價350元

8
四十二式太極拳＋VCD

定價350元

9
楊式十六式太極劍拳

定價350元

10
楊氏二十八式太極拳＋VCD

定價350元

11
楊式太極拳四十式＋VCD

定價350元

12
陳式太極拳五十六式＋VCD

定價350元

13
吳式太極拳五十六式＋VCD

定價350元

14
精簡陳式太極拳八式十六式

定價220元

15
精簡吳式太極拳三十六式
拳架・推手

定價220元

16
夕陽美功夫扇

定價220元

17
綜合四十八式太極拳＋VCD

定價350元

18
三十二式太極拳 四段

定價220元

19
楊式三十七式太極拳＋VCD

定價350元

20
楊氏五十一式太極劍＋VCD

定價350元

21
嫡傳楊家太極拳精練二十八式

定價220元

# 養生保健

## 古今養生保健法 強身健體增加身體免疫力

醫療養生氣功
定價250元

2
中國氣功圖譜

中國氣功圖譜
定價250元

3
少林醫療氣功精粹

少林醫療氣功精粹
定價250元

4
龍形實用氣功

龍形實用氣功
定價220元

5
魚戲增視強身氣功

魚戲增視強身氣功
定價220元

7
道家玄牝氣功

道家玄牝氣功
定價200元

仙家秘傳袪病功
定價160元

9
少林十大健身功

少林十大健身功
定價180元

10
中國自控氣功

中國自控氣功
定價250元

11
醫療防癌氣功

醫療防癌氣功
定價250元

12
醫療強身氣功

醫療強身氣功
定價250元

13
醫療點穴氣功

醫療點穴氣功
定價250元

中國八卦如意功
定價180元

15
正宗馬禮堂養氣功

正宗馬禮堂養氣功
定價420元

16
秘傳道家筋經內丹功

秘傳道家筋經內丹功
定價300元

17
三元開慧功

三元開慧功
定價250元

18
防癌治癌新氣功
防癌治癌新氣功
定價180元

19
禪定與佛家氣功修煉

禪定與佛家氣功修煉
定價200元

顛倒之術
定價360元

21
簡明氣功辭典

簡明氣功辭典
定價360元

22
八卦三合功

八卦三合功
定價230元

23
朱砂掌健身養生功

朱砂掌健身養生功
定價250元

24
抗老功

抗老功
定價230元

25
意氣按穴排濁自療法

意氣按穴排濁自療法
定價250元

健身袪病小功法
定價200元

28
張氏太極混元功

張氏太極混元功
定價250元

29
中國璇密功

中國璇密功
定價250元

30
中國少林禪密功

中國少林禪密功
定價200元

31
郭林新氣功

郭林新氣功
定價400元

32
八卦之源與健身養生

八卦之源與健身養生
定價280元

現代原始氣功
定價400元

34
養生開脈太極

養生開脈太極
定價300元

35
通靈功—養生袪病及入門功法

通靈功—養生袪病及入門功法
定價300元

國家圖書館出版品預行編目資料

日本合氣道——健身與修養 / 王健華　屈國鋒　編著
——初版，——臺北市，大展，2007〔民 96・11〕
面；21 公分，——（武術、武道技術；1）
ISBN　978－957－468－571－4（平裝）

1. 合氣道
528.977　　　　　　　　　　　　　　　96017581

【版權所有・翻印必究】

日本合氣道——健身與修養　ISBN　978－957－468－571－4

著　　　者/王建華　屈國鋒
顧　　　問/藤堂良明
責任編輯/朱曉峰
發 行 人/蔡森明
出 版 者/大展出版社有限公司
社　　　址/台北市北投區（石牌）致遠一路 2 段 12 巷 1 號
電　　　話/（02）28236031・28236033・28233123
傳　　　眞/（02）28272069
郵政劃撥/01669551
網　　　址/www.dah-jaan.com.tw
E－mail / service@dah-jaan.com.tw
登 記 證/局版臺業字第 2171 號
承 印 者/傳興印刷有限公司
裝　　　訂/建鑫裝訂有限公司
排 版 者/弘益電腦排版有限公司
授 權 者/北京人民體育出版社
初版 1 刷/2007 年（民 96 年）11 月

　　　　　　　　　　　　　　　定　價/220 元

●本書若有破損、缺頁敬請寄回本社更換●

# 推理文學經典巨著，中文版正式授權

名偵探明智小五郎與怪盜的挑戰與鬥智

名偵探柯南、金田一都讚嘆不已

## 日本推理小說鼻祖—江戶川亂步

1894年10月21日出生於日本三重縣名張〈現在的名張市〉。本名平井太郎。
就讀於早稻田大學時就曾經閱讀許多英、美的推理小說。
畢業之後曾經任職於貿易公司，也曾經擔任舊書商、新聞記者等各種工作。
1923年4月，在『新青年』中發表「二錢銅幣」。
筆名江戶川亂步是根據推理小說的始祖艾德嘉‧亞藍波而取的。
後來致力於創作許多推理小說。
1936年配合「少年俱樂部」的要求所寫的『怪盜二十面相』極受人歡迎，
陸續發表『少年偵探團』、『妖怪博士』共26集……等
適合少年、少女閱讀的作品。

## 1 ～ 3 集　定價300元　試閱特價189元

# 一億人閱讀的暢銷書！

## 4 ～ 26 集　定價300元　特價230元

4.大金塊　5.青銅魔人　6.地底魔術王　7.透明怪人　8.怪人四十面相　9.宇宙怪人

恐怖的鐵塔王國　11.灰色巨人　12.海底魔術師　13.黃金豹　14.魔法博士　15.馬戲怪人

.魔人銅鑼　17.魔法人偶　18.奇面城的秘密　19.夜光人　20.塔上的魔術師　21.鐵人Q

假面恐怖王　23.電人M　24.二十面相的詛咒　25.飛天二十面相　26.黃金怪獸

## 品冠文化出版社

地址：臺北市北投區
　　　致遠一路二段十二巷一號
電話：〈02〉28233123
郵政劃撥：19346241